JN104733

1ヵ月で入試単語クラスを制覇する

大学入試英単語

SPARTA

advanced level 1000語

スタディサプリ英語講師

関正生

かんき出版

1ヵ月で英単語に
ケリをつけよう!

いつから単語帳が「情報量」を競うようになったのでしょう…。
あれやこれやとたくさんの情報を詰め込んだ単語帳ほど「本格派」
と思われる風潮ができあがり、受験生はもはや「ムチャぶり」とし
か思えない情報量に苦しめられています。高校生は四六時中、何年
間も単語帳に追われている感覚を持っているのではないでしょう
か。もはや単語帳は学習者を苦しめたり、挫折感を与えたりするも
のになっている気がするのです。

そもそも情報量を競うのは辞書の役割であって、単語帳本来の役目
は「情報を絞ること」、そして「覚えさせること」だと思うのです。
受験生の負担を減らしてこそ単語帳の存在意義があるのです。

そこでこの本は単語帳本来の目的として、まずは「意味」を覚える
ことを最優先させました。また、単語帳はやりきらないといけませ
ん。単語帳は「卒業させる」ことも大事な仕事なのです。少なくと
もこの本は、今までの単語帳の方針をただなぞるのではなく、受験
生が「英単語にケリをつける」ことができるものを目指しました。

「スパルタ(Sparta)」とは?

スパルタは古代ギリシャの都市国家(紀元前10世紀頃~紀元前146
年)で、独自の戦術を使う最強の戦士を抱えていたことで有名です。
その強さを維持するための厳格な教育制度は「スパルタ式」と呼ば
れていました。

Sparta [spáːrtə] の形容詞 Spartan [spáːrtn] を辞書で引くと「厳格な・
勇敢な・鍛え上げられた」といった、実に勇ましい意味が並ぶ中、「質
素な」という意味も載っています(英英辞典なら simple という単語で
説明されています)。この本にはまさに、Spartan の意味が存分に込め

られています。

ただし「厳格な」という言葉を盾にして、指導者側に都合の良い「情報をたくさん押し付ける」ようなことはしません。そうではなく、「1ヵ月1000単語メソッド」という、厳しいながらも無駄をそぎ落とした"極上のsimple"とも言えるメソッドに「厳格な」姿勢で取り組んでほしいという願いがあります。そこに取り組むみなさんはきっと「勇敢な態度」をとることになり、その中で単語力だけでなく受験勉強に取り組むメンタルまでもが「鍛え上げられた」ものになるはずです。

今までの単語帳で暗記するときは、もしかしたら「マイペース」だったり、「つい惰性でダラダラ」見ていたり、小テストの直前に詰め込むだけの「その場しのぎ」の姿勢だったりしたかもしれません。でも、そんな姿勢とはこの本で決別して、「気持ちとやり方を劇的に変えるからこそ劇的な効果が出る」というSpartanなこの本で、単語帳にケリをつけましょう！

そんな方向性を本書に与えてくださった、前澤美恵子さん、そして、大倉祥さんを始め、かんき出版の皆様、この本に関わってくださったすべての方々に感謝申し上げます。そして何より、今この本を手にしているみなさんが「1ヵ月で1000単語を覚える」という、心が震える体験を味わえることを信じています。

さあ、戦いの始まりです。

関　正生

単語に関する固定観念を
打ち砕く

やり方を劇的に変えるから「劇的な効果」が生まれる

講師1年目から30年近く、必ず授業で話すのが「1ヵ月1000単語習得メソッド」です。これは僕自身が高校2年のときに考え、大学受験時はもちろん、大学入学後もさらなる英単語増強のため、そしてフランス語の単語を覚えるときに大活躍してくれた方法です（この方法を使って半年足らずで4000ものフランス語を覚えました）。

常識では「1ヵ月で1000個も覚えるなんて絶対ムリ…」と思われるでしょうが、やり方を劇的に変えるからこそ「劇的な効果」が生まれるわけです。その経験と方法論を、中学生・高校生・大学生・社会人問わず毎年話してきました。予備校の教室はもちろんのこと、今までにオンライン予備校『スタディサプリ』やTSUTAYAの学習用DVDを通じて、700万人以上の英語学習者に伝えてきました。それに加えて、NHKラジオ『基礎英語2』の連載を通じて、全国の中学生にもこの方法を伝えました。さらに、とある有名企業で講演したときにも、40代・50代の社会人にこの方法での単語習得を勧めました。まさに年齢を問わず通用する方法論です。

ただ、この「1ヵ月1000単語習得メソッド」で実際に大成功をおさめた人がたくさんいる反面、自分の単語帳がたくさんの情報を載せるタイプのものだったり、長文を使って覚える単語帳だったりしたためにうまく進められなかった人もいました。

そこで「1ヵ月1000単語習得メソッド」を続けやすく、様々な工夫を凝らしたのがこの本です。

コツコツやるから挫折する

「1ヵ月1000単語習得メソッド」なんて聞くと、怪しい方法を想像するかもしれません。もしくは「右脳」がどうとか、「記憶のためには寝る前がいい」とか…。もちろんそういう話もあっていいのでしょうが、僕個人は脳科学には興味がありませんし、実際に高校生がそういった話に興味を示すことは稀で、むしろ響かない気がします。では、何が必要なのか？　それは「単語の覚え方に対する意識改革」です。ズバリひと言でまとめるなら…

単語は一気にやる！

これなんです。単語の話になると、なぜか「少しずつコツコツやるもの」という考えが広まっていますよね。でも少しずつコツコツやれる人って、実際にはあまりいないと思います。少なくとも僕自身はコツコツやったことなどありませんし、今までにたくさんの生徒を見てきた立場から断言できますが、「コツコツやれる子は超少数派」です。学校のクラスに1人か2人でしょう。つまり、クラスで1・2を争う努力家ならうまくいくのですが、僕を含むそれ以外の人にはコツコツやることなんて"できない"のです（ちなみにコツコツやってうまくいった人が動画サイトなどで「コツコツやることが大事」と言っているだけです）。

コツコツできないなら、一気にやるしかありません。みなさんもここで一度、腹をくくって1ヵ月だけ気合いを入れて行動してほしいのです。きっと世界が変わりますよ。

単語を覚えるメカニズム

みなさんが今から新しい単語帳にチャレンジすることを決意したとします。その単語帳には1000個の英単語が載っています。では、そこで質問です。

Q 「1日に何個ずつ」進める計画を立てますか？

この質問を高校生に聞くと、「1日10個」「20個ずつ」といった回答が9割以上を占めます。でも、実はここに失敗があるんです。

1日10個ずつやると、1000個終えるためには（1日もサボらずにやっても）100日かかります。20個でも50日かかりますね。もちろん1回で覚えることなど人間にはできませんから、1日に20個ずつ取り組んでも、51日目にはまた最初の単語に戻りますね。そこで2つ目の質問です。

Q 「初日にやった20個の単語」のうち、50日後は「何個を覚えている」と思いますか？

これもたくさんの生徒に聞いた質問ですが、みんなこう言うんです。「5、6個」「半分（10個）はいかないかな」などなど。

…絶対にウソだ！

いいですか、50日も間隔が空くんです。50日前にやった単語なんて普通は絶対に思い出せません。たとえば僕が高校生のときなら、覚えているのはゼロか1個でしょう。2個なら奇跡だと思います。人間の記憶力なんて、そんなもんです。

みなさんがこの本を読んでいる今日は何月何日でしょうか？　今日から50日前の日をスマホのカレンダーでチェックしてみてください。その日に覚えた英単語を、今日までしっかり覚えている自信があるでしょうか？

※この原稿を書いているのが、10月14日なんですが、50日前が真夏で気温が37度とかだったことすら、今となっては信じられないくらいです。50日って長いですよね。

期間を空けたらアウト

暗記モノの最大のポイントは「ウロ覚えを繰り返す」ことです。暗記というのは気合いを入れて「覚えるぞ！忘れないぞ！」と思っても忘れるものです（むしろリキみすぎると余計に頭に入りにくくなります）。ですから「忘れてもいいので短期間に何度も繰り返す」方法のほうが効果があるはずです。つまり「ウロ覚えでいいので何度も繰り返す」のがいいのです。この「ウロ覚えの反復」というのが、1000単語習得法の最大のポイントになります。ウロ覚えでOKなので「とにかく短期間でたくさんの単語を繰り返し目に焼き付ける」のが大切です。先ほど、1日20個だと50日も間隔が空くのでNGだと話しましたね。以下のような式になるはずです。

1日20個 × 50日 ＝ 1000個

これだとうまくいかないのであれば、ちょっと式を変えてしまいましょう。 $\boxed{20 \times 50 = 1000}$ → $\boxed{20 \times 10 \times 5 = 1000}$ → $\boxed{200 \times 5 = 1000}$ になります。最後の式は、1日200個 × 5日 ＝ 1000個となります。

これで暗記の間隔が空かなくなります。5日で1周するわけですから、6日目はまた最初の単語に戻れるわけです。

「1ヵ月6回」という黄金ルール

もちろん、ここでツッコミが入りますよね。「200個もできるわけ
ない！」って。これについては後ほど詳しく話しますので（10〜11
ページ）、まずは「1ヵ月で6セット繰り返す」ことの大切さを語ら
せてください。この「1ヵ月に6回繰り返す」ことがポイントです。
単語は1、2度見ただけでは覚えられません。ですから「短期間で何
度も繰り返す」必要があるわけですが、僕が英語を教えてきた経験
から「ベストだ！」と考えたのが「1ヵ月に6回繰り返せば覚える」
というものです。

これで大半（90％以上）の英単語の意味がスラスラ出てくるように
なります。「なんだよ、100％じゃないのかよ！」なんて言わないで
ください。人間のやることですから、そこまでうまくいくとは限り
ません。でも90％だって、とんでもない数字ですよね。1ヵ月で
900個の単語を覚えられるなんて、世間では奇跡だと思われてい
ることです。

1000単語習得メソッドとは？

具体的な方法

「1日200個×5日」で1セットです。5日で1セットですから、6日目からは2セット目（つまり1日目にやった最初の200個に戻る）に入ります。これをひたすら6セット繰り返します。

1セット目	1日目 ▸ ZONE1（1番〜200番）	4日目 ▸ ZONE4（601番〜800番）
	2日目 ▸ ZONE2（201番〜400番）	5日目 ▸ ZONE5（801番〜1000番）
	3日目 ▸ ZONE3（401番〜600番）	まずは1セット、おつかれさま！
2セット目	6日目 ▸ ZONE1（1番〜200番）	9日目 ▸ ZONE4（601番〜800番）
	7日目 ▸ ZONE2（201番〜400番）	10日目 ▸ ZONE5（801番〜1000番）
	8日目 ▸ ZONE3（401番〜600番）	ここまでが、かなり大変。
3セット目	11日目 ▸ ZONE1（1番〜200番）	14日目 ▸ ZONE4（601番〜800番）
	12日目 ▸ ZONE2（201番〜400番）	15日目 ▸ ZONE5（801番〜1000番）
	13日目 ▸ ZONE3（401番〜600番）	まだまだ覚えられないのがふつう。
4セット目	16日目 ▸ ZONE1（1番〜200番）	19日目 ▸ ZONE4（601番〜800番）
	17日目 ▸ ZONE2（201番〜400番）	20日目 ▸ ZONE5（801番〜1000番）
	18日目 ▸ ZONE3（401番〜600番）	少し手ごたえがあるかも…。
5セット目	21日目 ▸ ZONE1（1番〜200番）	24日目 ▸ ZONE4（601番〜800番）
	22日目 ▸ ZONE2（201番〜400番）	25日目 ▸ ZONE5（801番〜1000番）
	23日目 ▸ ZONE3（401番〜600番）	十分手ごたえがあるはず！
6セット目	26日目 ▸ ZONE1（1番〜200番）	29日目 ▸ ZONE4（601番〜800番）
	27日目 ▸ ZONE2（201番〜400番）	30日目 ▸ ZONE5（801番〜1000番）
	28日目 ▸ ZONE3（401番〜600番）	これで完成！

この方法で、必ず5日に1回は同じ英単語に目を通すことになります。

「1時間100個ペース」

先ほど「1日に200個に取り組む」と言いましたが、1日に200個の単語を「覚える」という意味ではありません。そんなことは不可能です。あくまで完成は1ヵ月後なので、まずは「ウロ覚え」でOKです。1日のノルマ（200個）をウロ覚えで構わないので、どんどん進めていってください。

では、どの程度を「ウロ覚え」と判断すればいいのでしょうか？

僕がこの方法で理想だと思うのはズバリ「1時間100個ペース」です。1時間で100個というのは、やってみればわかりますが、けっこうテキパキ進めないとすぐに時間が経ってしまうでしょう。でも、それでいいんです。もちろん100個に対して3時間でも4時間でも使えるなら理想ではありますが、現実的にそこまで時間を割けないでしょう。以下の目安を参考にしながら進めてみてください。

ウロ覚えのペース ═══════════════

❶ 今この瞬間「覚えた！」と思ったら、すぐ次へ進む
❷ 最初から知ってる単語は即ムシ
❸ 覚えるとき、簡単な単語は数秒だけ目を通す
❹ 難しい単語はじ～っくりと

1時間に100個ペースで進めるわけですが、1日のノルマは200個なので、1日に使う時間は「2時間」です。

「1時間後にテストが待ってる」つもりで

「1時間100個ペース」でわかりやすいイメージが、「1時間後に単語テストがある」と想像することです。

イメージ

今、単語100個のリストを渡されました。今は何時ですか？時計を見て、今からジャスト1時間後に、その100個の単語テストがあります。では1時間の自習タイム、スタートです！

これでどうやればいいのか、想像がつくと思います。1時間後にテストが待っているわけですから、知ってる単語なんてどうでもいいですよね。知らない単語には時間をかけるはずです。でもかけすぎると全部終わらないので、とりあえず次に進みますよね。そんなときに「先生、何回書いたらいいんですか？」なんて質問はしませんよね。その時間だって惜しいはずです。で、一生懸命やって100番目まで行って、時計を見たら50分経っていた。そのときはまだ10分残っているので、最初に戻って忘れていそうな単語をまた確認するでしょう。

こんなイメージで進めれば、余計な雑念・疑問も出てきません。とにかくやるだけです。先ほども言いましたが、100個の単語に3時間かけたほうが効果はありますが、そこまで単語に時間を割くことはできないでしょう。かといって30分だけでは、ウロ覚えが浅すぎて効果が出ません。やはり1時間はかけてほしいところです。

よくある質問

Q 「succeed→成功する」それとも「成功する→succeed」どっちの順番で覚えるの?

A 「succeed→成功する」の順番で覚えます。英語を見て日本語が出ればOKということです。経験的にわかるでしょうが、「英語→日本語」のほうが断然ラクに覚えられます。
とある有名な言語学者によると「英語→日本語」の労力に対して、その逆「日本語→英語」は4倍の労力がかかるそうです。それを踏まえて、みなさんは次のどっちを手に入れたいですか?

❶「英語を見た瞬間に意味がわかる単語」を1000個

❷「日本語を見て英語まで言える単語」を250個

これが同じ労力なら、僕は絶対に❶です。まずは英語を見て意味が浮かぶ単語の数を増やしていくほうが、英語の勉強は順調に進みますし、今の大学入試では確実に点数につながります。「日本語を見ても英語が出るようにしたほうがいい」「つづりもちゃんと書けたほうがいい」… 世間ではいろいろなことが言われてますが、単語を覚えるときに「〜したほうがいい」と考え出したらキリがありません。「〜したほうがいい」ではなく、「〜しなきゃいけない」ことだけに集中してください。「〜したほうがいい」ことまでをやりながらマスターできるほど単語は簡単ではないことをみなさんは知っていると思います。まだ意味も言えない段階で「英作文のときに困るから日本語から英語を言えたほうがいい」とかは考えないほうがいいですよ。それは「まず意味を覚えてから」ですよね。

Q この本って、単語の訳語が1つだけのものが多いけど、それでいいの？

A それでいいんです。まずは1つの英単語につき1つの訳語だけを覚えていくのが理想です。また、単語帳のたくさんの情報を活用できている高校生は相当少ないと思います。たとえば、discuss という単語の訳語は「〜を議論する」と書いてある単語帳がほとんどです。「〜を」をつけることで「他動詞の用法ですよ」と示しているのですが、高校生の一体何％がそこまで意識して取り組んでいるのでしょうか？　僕の講師経験から言えば、絶対に1％もいないと断言できます。discuss は有名な他動詞なので、文法問題で出てきたときに「discuss about とは言わない」とか「discuss the plan の形が正しい」と言われて覚えたはずです。

単語を覚えるときはあれもこれも欲張らず、まずシンプルに意味だけに集中して、最も効率の良い方法をとりましょう（本書では「〜を」などは原則カットしています）。

また、異なる意味があっても、やはりまずは1つに絞るべきです。というのも、欲張ってたくさん覚えようとすると、結局どれも覚えられないからです。まず1つの意味をしっかり覚えることで、その単語に対する「記憶の土台」がしっかりとできあがります。その後で別の意味で出てきたときに、その新たな意味を覚えればいいのです。

※意外な意味のほうが重要（受験生にぜひ覚えてほしい意味）なときは、本書では「その訳語に下線」を引きました。

Q 派生語とかもあまり載ってないけど…。

A それがいいんです。必ず出る質問で、「派生語（名詞形・形容詞形など）も一緒に覚えるほうがいいの？」「同意語・反意語もチェックすべき？」というものがあります。多くの英語の先生は「覚えたほうがいい」と答えるでしょう。でも僕の答えは「ノー!!」です。そもそも「意味を覚える」のが最優先のはずですよね。ならばその目標の最短経路を進むべきです。

でも、単語帳というものはとにかく派生語を羅列する傾向があります。たくさんの情報が載っているほうが親切に見えますよね。むしろそういう情報を載せないと「手を抜いてそう」とか「もっと情報量がほしい」なんて言われてしまうのです。

高校生からしても、いくら「無視しよう」と言われたところで、たくさんのことが書かれていると、「なんかもったいない」みたいな心理が働き、ついつい見てしまうものですよね。しかも学校ではそういう生徒がほめられたりするわけです。

でも覚えられない単語帳に意味はありません。だからこの本では、みなさんが単語を覚えるのに集中できるよう、かなりの派生語をそぎ落としました。「その単語を覚えるのに役立つとき」「派生語を見ても負担にならないとき（たとえば -ly を付けるだけの副詞形）」「注意が必要なのでチェックしたほうがいいとき」に絞りました。

逆に、派生語自体を「見出し語」にするときもあります。ただ「派生語として載せるだけ」だと、あまり真剣に覚えない人も多いのですが、見出し語にすることで注目度を上げました。

※基本的に関連ある単語のすぐ下に載せていますが、簡単なときはあえて離れたところに見出しとして置くことで復習効果を高めました。

Q 例文がないのはなぜ？

A 本書は「覚えさせる」単語帳として、「（過去問から選定する従来の方法と違い）今後の出題を意識した単語選定→絞られた訳語→意味を覚えるフォローとしてのコメント」というsimpleな流れがベストだと考え、例文も載せていません（コメントに使用例が入ることはあります）。おそらく日本で一番の生徒数を教えてきた経験から断言できますが、単語を覚えながら例文を活用できる高校生はかなり少ないです。それどころか、パワーをそっちに吸い取られて肝心の意味すら覚えられない人が多いのです。最優先すべきは「単語の意味を覚えること」ですよね。

「だったら例文を見なければいい」と思えるならいいのですが、「あれば気になる」のが人間です。また、何よりも「例文をスルーして『ホントにいいのかな』と不安になる」人も多いでしょう。そんな罪悪感を抱かせない単語帳があってもいいのではないでしょうか。例文を載せた単語帳は星の数ほどありますが（僕も書いてます）、例文を載せない単語帳をやりたい受験生もいるはずですし、僕自身、受験のときに使った単語帳では例文を一切見ていません。そもそもすべての単語で例文を読んでいては1時間100個ペースを維持できないのです。「意味」をいち早く覚え、「実戦の場（長文問題）」でその威力を試してみたい人向けの単語帳です。

Q 覚えるときは「書きながら」がいいの？

A 書いても書かなくても、どっちでもOKです。書いて覚えるか、目で見るだけで覚えるかは好みの問題です。簡単な単語は目で見るだけで十分でしょう。逆に、難しい単語や何回見ても覚えられない単語ってありますよね。そういうときは何回でも書きましょう。書く場合は「何回書くか」を絶対に決めないでください。回数を決めるとノルマになって「今、何回書いたか」に意識がいってしまいます。すべての集中力は単語に向けるべきです。また、つづりもきちんと書けるのが理想ではありますが、一番大事なのは「意味がわかること」ですから、1000単語習得メソッドではつづりを重視しません。つづりを捨てることで、1000個の単語の意味がわかるという理想の状態に少しでも早く・確実に到達できることを目指します。

Q （1日に200個に取り組むとき）知らない単語だけで200個、それとも知ってる単語も含めて200個？

A 単語の数は「知っている単語も"含めて"200個」です。知らない単語だけ200個を数えるのは時間がかかります。その時間を覚えることにまわしたほうがいいでしょう。

この本では1つのZONEが200個になっているので、1日1つのZONEを進めていけばOKです。よって、その日に取り組む単語の中に知っている単語が多ければ「今日はラッキーだな」くらいに考えればOKです（頻度順の単語帳では「最初が簡単、後半が難しい」となりますが、本書ではレベルは全体で統一してあります）。

その他にも疑問が出てくるかもしれませんが、そのときは「1時間後にテストがある」つもりで考えれば、「あ、こんなことしてる場合じゃないや」と冷静になれます。とにかく目の前の単語を覚えることに集中することが一番大事です。

時 間 捻 出 で 工 夫 で き る こ と

「1時間100個ペース」で「1日200個」ということは、「1日に2時間」を単語に使うことになるわけです。もちろんこれはすごく大変なことです。僕は、予備校でこの話を夏休みの最初にしていました。ただ、その後オンライン授業でいつでも見られるようになってからは、「夏に限らず成功した」という声がたくさん届くことを知りました。大事なことは、一番時間がかかる最初の2セットを確実にやり切ることです。2セットやってしまえば、「続けないともったいない」という心理から続けられるものです。「あんなにやったのが無になるのか…」と思うと、意外と続きます（僕はいつもそう思ってます）。そのために、以下の時期にぶつけると挫折しにくくなるでしょう。

1. 春休み（3月下旬スタートで少し遅れてもGWで取り返せる）
2. ゴールデンウィーク
3. 夏休み（7月中にスタート）
4. シルバーウィーク（9月下旬スタート）
5. 冬休み（クリスマスと正月に単語をやるのも悪くない）

※もちろん休みがない6月や10月でも、やる気になったときが一番です。

「一気に2時間」やる必要はない！

1日に2時間といっても、120分ノンストップでやる必要はありません。むしろ集中力を欠いて効率が悪くなります。1時間×2回、30分×4回、20分×6回に分けてもOKです。学校があってもいくつかに分割すれば「朝20分、行き帰りの電車で40分、放課後にカフェ

で30分、寝る前に30分」などと工夫できます。さすがに10分×12回などは細かく分けすぎで、頭が「単語モード」になりきれないうちに10分経ってしまう気がするのであまり勧めませんが、まあ、いずれにせよ「やること」が一番大事なので、「続けやすい」やり方でOKです。ちなみに僕が高校生のときは調子が良ければ「1時間×2回」に、ヤル気がないときは「30分×4回」に分割していました。

手ごたえは「5セット目」から

この方法では、「時間がかかるのが1セット目〜2セット目」ですが、精神的にツライのが「3セット目〜4セット目」です。3セット目あたりで「もうそれなりに覚えてるんじゃないの?」なんて期待しますが、全然覚えてなくて愕然とします。早い人で、4セット目から微妙に手ごたえを感じるかもしれませんが、基本的に4セット目まではまったく効果が出ないのが普通です。

そして、5セット目からかなりの効果を感じるはずです。6セット目でブレイクします。僕が高校生のときは毎回そうでした。4セット目までは覚えていなくても、5〜6セット目からブレイクしたという経験です。大学に入ってフランス語でも同じやり方をして、同じ効果が出ています。

さらにその後、予備校で教えるようになって、すべての生徒に教えてきましたが、みんな同じようなブレイクのしかたでした。英語が大キライで赤点の高校生だって、開成高校から東大理三に合格した生徒だって、みんな5〜6セット目でブレイクしました。たまに「あまりにも英語が嫌い」という生徒もいて、少し遅れはしましたが、それでも7〜8セット目でブレイクしてます(そこまでいけば、1、2セットの追加はさほど時間を要しませんのでご安心を)。そして、中学生にも50代の社会人にも教え続けていますが、結果はまったく同

じです。こういった経験から、自信を持ってこの本に書いております。繰り返しますが、4セット目が終わるまでは「我慢」です。耐えてください。4セット目までに僕に対する不信感と殺意はマックスに達しますが、それでも続けてください！4セット目まで続ければ勝負アリなので。5セット目からは時間もかなり短縮できますし、何より効果が出始めるので楽しくて続けられるものです。

予 定 表

1セット目					2セット目				
day 1	day 2	day 3	day 4	day 5	day 6	day 7	day 8	day 9	day 10
ZONE1	ZONE2	ZONE3	ZONE4	ZONE5	ZONE1	ZONE2	ZONE3	ZONE4	ZONE5

3セット目					4セット目				
day 11	day 12	day 13	day 14	day 15	day 16	day 17	day 18	day 19	day 20
ZONE1	ZONE2	ZONE3	ZONE4	ZONE5	ZONE1	ZONE2	ZONE3	ZONE4	ZONE5

5セット目					6セット目				
day 21	day 22	day 23	day 24	day 25	day 26	day 27	day 28	day 29	day 30
ZONE1	ZONE2	ZONE3	ZONE4	ZONE5	ZONE1	ZONE2	ZONE3	ZONE4	ZONE5

本書の単語選定について

どの単語帳も入試を想定すると同時に、高1・高2の日常学習用としてのつくりも意識しているようです。

でもこの本は「大学入試の英文を意識した単語帳」であり、「受験生が使う」ことだけを想定して、基本単語でありながらも受験生なら知っていることが多いものは選定から外しました。逆に、簡単な単語でも受験生が意外と見落としがちな単語、出題頻度が低い単語でも実際に出たら受験生が困る単語（キーワードになるもの）は選定しました（ちなみに、2023年の共通テストを見ると、明らかに単語の「幅」が広がりました。マイナーな単語がたくさん出るようになったのです）。

学校で配られた単語帳を多少なりともやったことがある高校生がほとんどですから、そこを考慮した上で「受験生が1ヵ月で仕上げられる」かつ「今までの単語帳とは違った実感を持てる語彙」を選定しています。まさに「時間がない・単語力に不安がある受験生」が短期間で一気にパワーアップできる単語帳を目指しました。

シリーズの全体像

1　standard level　　共通テスト8割を目指す
2　advanced level　　共通テスト8割以上〜MARCH・国公立を目指す
3　mastery level　　早慶上智・旧帝大を目指す

※全レベル3冊に見出し語の重複はありません。

■ 1　standard level

私大・国公立大入試に加え、共通テスト・英検を強く意識しました。そういった試験では単語が少し特殊で（日常的な単語・グラフ表現・

生物名などが一般入試に比べてよく出る）、普通の受験勉強ではノーマークになる単語がたくさんあるからです（2025年から共通テストが変わる予定ですが、今までの傾向・実用性重視の方向性から、単語については変わらず、むしろそういった単語がますます重視されていくと考えています）。

■2　advanced level
基本単語ながら受験生が見落とす単語を掲載しつつ、多少難しい単語・新しい単語も知っておくべきレベルの大学を目指す人にピッタリ合った単語を選定しました。簡単すぎず、難しすぎずというバランスが特長でもあります。

■3　mastery level
確実に難化しているトップレベルの大学を意識した単語選定です。今まで受験の世界では扱われなかった単語や、ニュース系の単語も多く入れました。
世間では「早慶を目指すなら英検準1級やTOEFLの単語帳を使おう」というアドバイスが多いのですが、それは（受験という意味では）無駄が出ます。レベル3は「あくまでトップの受験生のために、難単語を収録した大学受験用の単語帳」にしました。

■巻末の「＋α」
スペースの関係で、本編には載せられなかった単語をここに載せておきます。本編の1000個よりは「重要度が下がる・知っている人が多い・基本的すぎる・ちょっと細かい」などの理由を持つ単語です。余裕があれば目を通しておいてください。もちろんその場合は本編同様、1日200個くらいで一気に片づけてもいいでしょう。

本書の使い方と特長

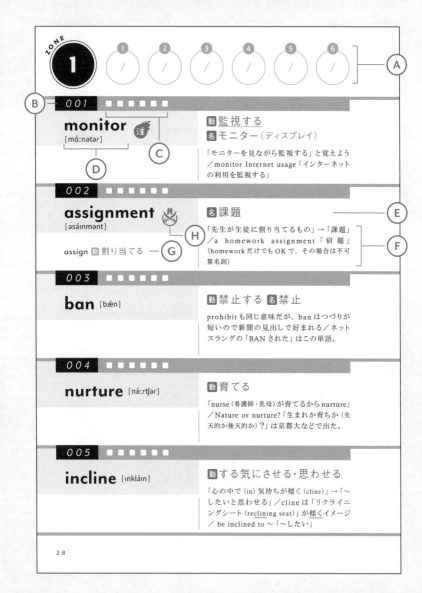

ZONE 1

A — ① / ② / ③ / ④ / ⑤ / ⑥

B — 001 ■■■■■■

monitor 注 C
[má:nətər]
D

動 監視する
名 モニター（ディスプレイ）

「モニターを見ながら監視する」と覚えよう／monitor Internet usage「インターネットの利用を監視する」

002 ■■■■■■

assignment 共
[əsáinmənt]
H

名 課題 — E

「先生が生徒に割り当てるもの」→「課題」／a homework assignment「宿題」（homework だけでも OK で、その場合は不可算名詞） — F

assign 動 割り当てる — G

003 ■■■■■■

ban [bǽn]

動 禁止する 名 禁止

prohibit も同じ意味だが、ban はつづりが短いので新聞の見出しで好まれる／ネットスラングの「BAN された」はこの単語。

004 ■■■■■■

nurture [nə́:rtʃər]

動 育てる

「nurse（看護師・乳母）が育てるから nurture」／Nature or nurture?「生まれか育ちか（先天的か後天的か）?」は京都大などで出た。

005 ■■■■■■

incline [ınkláın]

動 する気にさせる・思わせる

「心の中で (in) 気持ちが傾く (cline)」→「～したいと思わせる」／cline は「リクライニングシート (reclining seat)」が傾くイメージ／be inclined to ～「～したい」

28

(A) みなさんの単語との戦いの歴史をここに記録しよう(日付の記録)。時間や場所、そのときの気持ちも書いたっていい。

(B) 敵の数(1000単語のうち通し番号)

(C) 6セット分のチェックボックス。今回のセット数をチェックしておこう

(D) さあ、この単語を攻略しよう!

(E) 単語の意味。付属の赤シートを活用しよう! 「ぜひこっちのほうを覚えてほしい」というものに下線が引かれています。また、多義語はどの意味も大切なので下線はありません(多義語のアイコンがついています)。

(F) インプットに絶大な効果がある「コメント」
記憶のフックとなるコメントなど、印象に残るエピソードも満載。

(G) 派生語などの情報。ただし、覚えるときはスルー推奨。

(H) とくに重要な単語や、頻出の単語などには「アイコン」で注意喚起。

本書で使用しているアイコンについて

本書に掲載した単語は、言うまでもなくすべて大事ですが、選定基準が従来の単語帳とは違うため、「ホントにこんな単語が出るの?」と不安になるものもあるかもしれません。そういった単語や「特にある面において大事な単語」にはアイコンをつけました。

	→	特に共通テストで出てきそうな単語
	→	「従来の単語帳では取り上げられない新しい単語」、もしくは「すでに載ってはいるが(あまり強調されていないので)新たに注目すべき単語」
	→	文法問題・品詞問題で狙われる単語
	→	リスニングで大事な単語
	→	多義語や複数の訳語が大事な単語
	→	発音やアクセントが入試で狙われる単語

Do or die　確認テスト

次の(1)〜(5)の単語の意味を、① 〜⑤ から選びなさい。

1
(1) **stable** (2) **memorable** (3) **distract** (4) **presence**
(5) **lift**

① 持ち上げる・(禁止などを)解除する／持ち上げること　② 存在・出席　③ そらす
④ 記憶しやすい・忘れられない　⑤ 安定した

A　(1) ⑤　(2) ④　(3) ③　(4) ②　(5) ①

2
(1) **inclusive** (2) **immense** (3) **cease** (4) **grasp**
(5) **cope**

① 巨大な　② やめる・終わる　③ 掴む・理解する　④ 含んだ・インクルーシブな
⑤ うまく処理する

A　(1) ④　(2) ①　(3) ②　(4) ③　(5) ⑤

3
(1) **sophisticated** (2) **metabolic** (3) **insult**
(4) **triumph** (5) **remedy**

各zoneの終わりに200単語の意味を答える確認テストがついています。
しっかりインプットできたか、答えを赤シートで隠してチェックしてみましょう。

R&R　　Rest and Relaxation

単語を覚える実感は「視力が上がる」ようなもの

100個の単語を覚えると、視力が0.1上がるイメージです。
0.1上がるだけでもすごいことですが、実際に外の景色を見た
ときに視力が上がった実感を持てることはないでしょう。
つまり、100語覚えても「実際に単語力はアップしているもの
の)「実感」は持ちにくいのです。
もしこれが1000語なら、視力が1.0上がるようなものです。
それくらいの変化があると想像してみてください。視力0.2の
人が1.2になれば、見える世界がガラリと変わります。いざ長
文を見たときに、英単語に関して、それくらいの景色の変化が
起きるのです(現在1.2以上の人には想像しづらいでしょうが)。

ですから、途中で「挫折しそうだな」と思ったら、取り組む

確認テストの後に、ちょっとしたメッセージとなるコラムを掲載。モチベーションアップにつなげてください。

＋ α

本編の1000の単語よりは

［重要度が下がる・知っている人が多い・基本的すぎる・ちょっと細かい］

などの単語です。余裕があれば目を通してください。

中2 中学単語

- roar [rɔ́ːr] 動うなる・ほえる
- roast [róust] 動焼く
- outlet [áutlet] 名直売店・はけ口・電気のコンセント（socket）
- eventually [ivéntʃuəli] 副ついに・結局は
- chew [tʃúː] 動噛む
- raw [rɔ́ː] 形生の・加工していない
- masterpiece [mǽstərpiːs] 名傑作
- monument [mɑ́njumənt] 名記念碑
- welfare [wélfèər] 名幸福・福祉
- pale [péil] 形青ざめた
- prayer [préər] 名祈る人・祈り
- power plant [páuər plǽnt] 名発電所
- follower [fɑ́louər] 名（SNSの）フォロワー

- cottage [kɑ́tidʒ] 名別荘・小さな家
- crop [krɑ́p] 名作物
- degree [digríː] 名程度・度合・温度などの度・学位
- disappear [dìsəpíər] 動姿を消す
- feed [fíːd] 動食べ物を与える・物を食べる
- harvest [hɑ́rvəst] 名収穫（物）
- mankind [mǽnkáind] 名人類
- measure [méʒər] 動測る
- medium [míːdiəm] 名中型・媒体・手段
- nest [nést] 名巣
- square [skwéər] 名正方形・広場
- table [téibl] 名表・データ・テーブル
- tag [tǽg] 名札・値札・おにごっこ
- water [wɔ́ːtər] 名水辺（海・川・湖・水域）・水

＋αの単語一覧

本書に掲載されている1000単語にプラスαして覚えておくとよい単語を掲載しています。

巻末さくいん

すべての見出し語と派生語をアルファベット順に掲載。総チェックとしてお使いください。シリーズのほかの2冊に掲載されている単語もチェックできます。

O 音声ダウンロード

英単語の音声がダウンロードできます。音声は①英単語のみ、②英単語と日本語訳のセット、の2つの形式のものがあります。奇数ページの右上にある表示がトラック番号です。10単語ごとに1つのトラックに収録してありますが、200単語通して1つのトラックにまとめた音声データもございますので、以下のサイトにアクセスしてご確認いただき、ダウンロードをお願いいたします。

https://kanki-pub.co.jp/pages/sparta2_v2/

※音声ダウンロードについての問い合わせ先：http://kanki-pub.co.jp/pages/infodl/

英語ナレーター
Haward Colefield　Jennifer Okano
日本語ナレーター
中村章吾　水月優希

英単語 SPARTA　Contents

ZONE

1

[単語001〜200]

	DATE	NOTE
Set 1	/	
Set 2	/	
Set 3	/	
Set 4	/	
Set 5	/	
Set 6	/	

001 ▪▪▪▪▪▪

monitor 注
[má:nətər]

動 監視する
名 モニター（ディスプレイ）

「モニターを見ながら監視する」と覚えよう／monitor Internet usage「インターネットの利用を監視する」

002 ▪▪▪▪▪▪

assignment
[əsáinmənt]

assign 動 割り当てる

名 課題

「先生が生徒に割り当てるもの」→「課題」／a homework assignment「宿題」（homework だけでも OK で、その場合は不可算名詞）

003 ▪▪▪▪▪▪

ban [bǽn]

動 禁止する 名 禁止

prohibit も同じ意味だが、ban はつづりが短いので新聞の見出しで好まれる／ネットスラングの「BAN された」はこの単語。

004 ▪▪▪▪▪▪

nurture [nə́:rtʃər]

動 育てる

「nurse（看護師・乳母）が育てるから nurture」／Nature or nurture?「生まれか育ちか（先天的か後天的か）？」は京都大などで出た。

005 ▪▪▪▪▪▪

incline [inkláin]

動 する気にさせる・思わせる

「心の中で (in) 気持ちが傾く (cline)」→「〜したいと思わせる」／cline は「リクライニングシート (reclining seat)」が傾くイメージ／ be inclined to 〜「〜したい」

🔊 **TRACK1** [001-010]

---

006 ■ ■ ■ ■ ■ ■

reside [rɪzáɪd]

residence 名 住居
resident 名 居住者

動 ある

「後ろに(re)座る(side=sit)」→「ある・住む」
／reside in ～「～にある・存在する」は東
京慈恵医科大と慶應大で出題。

---

007 ■ ■ ■ ■ ■ ■

rotate [róutèit]

rotation 名 回転・交替

動 回転する

「ローテーション(rotation)」は「回転して仕
事をまわすこと」で、その動詞形 rotate／
1周する必要はなく、画像編集で「90度回
転する」なら rotate 90 degrees

---

008 ■ ■ ■ ■ ■ ■

compel [kəmpél]

動 強いる

「完全に(com)追いやる(pel)」(propeller「プ
ロペラ」は「前に(pro)追いやる(pel)もの」／
compel 人 to ～「人に～を強いる」が重要。

---

009 ■ ■ ■ ■ ■ ■

inclusive
[ɪnklú:sɪv]

inclusion 名 含むこと・インクルー
ジョン(多種多様な人
を受け入れること)

形 含んだ・インクルーシブな

「時間・料金を含む」以外に「LGBTQ・人
種などで差別された人を含める」の意味も
／an inclusive workplace「インクルーシブ
な職場」

---

010 ■ ■ ■ ■ ■ ■

lift [líft]

動 持ち上げる・(禁止などを)解
除する 名 持ち上げること

「持ち上げる」が有名だが「重い負担になっ
ていた禁止令を持ち上げて取り除く」が重
要／lift a ban「禁止令を解除する」

---

011 ■■■■■■

proceed [prəsíːd]

動 進める

「前に (pro) 進む (ceed=go)」／余裕があれば「収益」(proceeds の形) の意味もチェック (「企業が前進する」→「利益を上げる」→「収益」)。

---

012 ■■■■■■

revolve [rɪvάːlv]

動 回転する

「何度も (re) 回転する (volve)」／「リボルバー式の拳銃 (revolver)」は「(ロシアンルーレットで使うような) 弾倉が回転するタイプのもの」

---

013 ■■■■■■

procedure
[prəsíːdʒər]

名 手順

proceed「進める」、process「プロセス・過程」と同じ語源で、「ひとつひとつ進めるプロセス」→「手順」／実験の「手順」などでも使われる。

---

014 ■■■■■■

imply [ɪmplái]

動 ほのめかす

「本心を中に (in) 包んだ (ply)」／長文の設問で「本文でほのめかされていることを選べ」という設問で使われ、直接は書いてないが類推できる選択肢が正解になる。

---

015 ■■■■■■

bankrupt
[bǽŋkrʌpt]

bankruptcy 名 破産

形 破産した

「銀行 (bank) が壊れた (rupt)」と覚えよう／go bankrupt「破産する」を書かせる問題が早稲田大で出た (go は「(悪い状態に) なる」)。

016 ⬛⬛⬛⬛⬛⬛

addictive
[ədíktɪv]

addiction 名 中毒

addict 名 常用者 動 中毒にさせる

形 中毒性の

昔の入試ならタバコ・アルコール中毒に、今の入試ではスマホ中毒に使われる／単語のトレーニング中はスマホ禁止を徹底しよう。

017 ⬛⬛⬛⬛⬛⬛

anonymous
[ənáːnəməs]

anonymously 副 匿名で

形 匿名の

an anonymous letter「匿名の手紙」でよく使われたが、今ではもちろんネットの話でよく出てくる／日本でも「匿名のハッカー集団」を「アノニマス」と言う。

018 ⬛⬛⬛⬛⬛⬛

ease [íːz]

動 軽減する 名 容易さ・気楽さ

「easy にする」というイメージ／ease the pain「痛みを和らげる」／with ease「簡単に」、feel at ease「気楽な状態を感じる」→「くつろぐ」が重要。

019 ⬛⬛⬛⬛⬛⬛

electronically
[ɪlèktráːnɪkəli]

副 インターネットで

「電子」の印象が強いが、最新の英文では「ネットを使って」と考えよう／store records electronically「記録をネット上に保存する」

020 ⬛⬛⬛⬛⬛⬛

expectancy
[ɪkspéktənsi]

名 予想・期待

life expectancy「人生 (life) がどれくらいかを予想・期待する (expect) もの」→「平均余命」(入試頻出で学習院大で意味が狙われた)

---

021 ■■■■■■

extraordinary
[ɪkstrɔ́ːrdənèri]

形 普通ではない・並はずれた

「普通の (ordinary) 外の (extra)」→「普通から外れた・異常な」／possess extraordinary talents「とてつもない才能を持つ」は山梨大で出題。

---

022 ■■■■■■

face-to-face
[fèɪstəféɪs]

形 面と向かっての
副 面と向かって

「顔 (face) に対して (to) 顔 (face)」→「面と向かって」／face-to-face vs. online learning「対面学習対オンライン学習」

---

023 ■■■■■■

fatal [féɪtl]

fatality 名 死者

形 致命的な

「運命 (fate) に関わる (al)」→「致命的な」／fatal accidents「命に関わる事故」は琉球大で出題。

---

024 ■■■■■■

offend [əfénd]

動 不快にさせる・怒らせる

「攻撃する」の意味はありません! グサッと相手の心を傷つけたり、失礼なことを言ったりして不快にさせるイメージ／be easily offended「すぐ機嫌を損ねる」

---

025 ■■■■■■

immune [ɪmjúːn]

immunity 名 免疫

形 免疫がある・免れた・影響を受けない

このご時世、超重要単語の1つ／be immune to the disease「その病気に対して免疫がある」

026 ■■■■■■

makeup [méɪkʌ̀p]

名 構造

熟語 make up は「作り上げる」→「埋め合わせる・化粧する」で、その名詞形／genetic makeup「遺伝子構造」／a makeup lecture「授業の埋め合わせ」→「補講」

027 ■■■■■■

stroke [stróʊk]

名 一撃・発作

本来「サッと何かを打つ動作」→「一撃・発作・脳卒中」／backstroke「背泳ぎ」を知っていれば「水をサッとたたくイメージ」で覚えよう。

028 ■■■■■■

mortality [mɔːrtǽləti]

名 死亡

悲しいけど、ニュースや研究結果ではよく使われる／mortality rate「死亡率」

029 ■■■■■■

obesity [oʊbíːsəti] 注

名 肥満

「普通とは反対に（ob=object）食べる（ese=eat）」→「肥満」／Overeating is responsible for obesity.「食べ過ぎは肥満の原因だ」は旭川医科大で出題。

030 ■■■■■■

supplement
名 [sʌ́pləmənt] **動** [sʌ́pləmènt]

名 補足・サプリメント **動** 補う

「サプリメント」は「栄養補助食品」

supply **動** 供給する

031 ■■■■■■

posture [pá:stʃər]

名 姿勢・心構え

「人を置いた (post) ときの状態」→「姿勢」→「心の姿勢」→「心構え」／have bad posture「姿勢が悪い」

032 ■■■■■■

prestige [prestíːʒ]

名 名声

lose prestige「(スキャンダルなどで) 名声を失う」／have greater prestige「より評判がいい」は県立広島大で出題。

033 ■■■■■■

burden [bə́ːrdn]

名 負担

burden on ～「～にとっての負担」の形が重要なので、on「上からのしかかって重荷・負担になる」イメージで覚えよう。

034 ■■■■■■

counterpart
[káuntərpàːrt]

名 相当するもの

「反対にある (counter) 一部分 (part)」→「対等の立場にある相手」で、A 社の営業部長の counterpart は B 社の営業部長のこと。

035 ■■■■■■

definite [défənət]

define 動 定義する・明らかにする

形 はっきりした

a definite answer「明確な返答」／definite を certain「確実な (はっきりしている)」に書き換える問題が中央大で出題。

036

refined [rɪfáɪnd]

refine 動 精製する・洗練する

形 洗練された

refine「何度も (re) 細かく (fine) 磨く」→「洗練する」で、その過去分詞 refined は「洗練された」となる。

037

absurd [əbsə́:rd]

形 ばかげた

「普通から離れた (ab) 状態」→「ばかげた」と考えよう／an absurd idea「ばかげた考え」

038

renowned [rɪnáund]

renown 名 名声

形 有名な

「何度も (re) 名前 (nown=name) を与えられる」→「それくらい有名な」／「特長・質・能力・業績を理由に有名な」というイメージ。

039

transparent [trænspéərənt]

transparency 名 透明性

形 透明な

「物を移動して (trans) 現れる (parent=appear)」→「貫くような」→「透明な」

040

searchable [sə́:rtʃəbl]

search 動 探す・検索する

形 検索可能な

「検索する (search) ことができる (able)」／a searchable database「検索可能なデータベース」

041 ■■■■■■

sphere [sfíər]

名球体・範囲

a perfect sphere「完全な球体」／atmosphere「雰囲気・大気圏」の sphere は「(空気のある) 範囲」と考えるのもアリ。

042 ■■■■■■

stiff [stíf]

形堅い

「ガチガチに凝り固まってしまい曲げられない」イメージ／「肩が凝っている」は have a stiff neck (首から固まった感じ)

043 ■■■■■■

metabolic [mètəbá:lık]

形新陳代謝の

metabolism 名新陳代謝

「メタボ (メタボリック・シンドローム)」は「新陳代謝が悪くなること」であって、metabolic 自体が「太った」という意味ではないことに注意!

044 ■■■■■■

orbit [ɔ́:rbət]

名軌道 動軌道を描いて回る

orbit the planet「その惑星の周りを回る」(動詞の orbit)／「宇宙」の話は実は入試頻出でそのときに必ず出てくるのが orbit

045 ■■■■■■

trivial [tríviəl]

形些細な

trivia 名些細なこと

名詞 trivia は「3 つの (tri) 道 (via) が交わる場所で旅人が交わした情報」→「些細な情報・雑学」で、その形容詞形。

---

046 ■ ■ ■ ■ ■ ■

well-being [wélbìːŋ]

名 幸福・福祉

well は副詞「上手に」以外に、形容詞「健康な」の意味もあり（be well・get well・feel well は形容詞 well「健康な」）、「健康」→「心の健康」→「幸せ」となる。

---

047 ■ ■ ■ ■ ■ ■

westernize [wéstərnàɪz]

動 西洋化する

「西洋風（western）にする（ize）」→「西洋化する」／過去分詞 westernized は「西洋化された」

---

048 ■ ■ ■ ■ ■ ■

agriculture [ǽɡrɪkÀltʃər]

agricultural 形 農業の

名 農業

culture は本来「心を耕す（cult）」→「文化」で、agriculture も「耕す」→「農業」と覚えよう（ちなみに agri は「畑」だが難しいのでスルー推奨）。

---

049 ■ ■ ■ ■ ■ ■

boom [búːm]

動 ブームになる
名 好景気・急成長

本来「ハチの羽音（ブンブン・ブーン）」で勢いが増しているイメージ／「世のブーム」は「世間で勢いが増しているもの」

---

050 ■ ■ ■ ■ ■ ■

exhibition [èksəbíʃən]

exhibit 動 展示する 名 展示

名 展覧会

フィギュアスケートやサッカーの「エキシビションマッチ」は「（公式戦ではなく）観客に見せる（展示する）ための試合」

051 ■ ■ ■ ■ ■ ■

browse [bráuz]

browser 名 ブラウザ

動 閲覧する

「(ネット)のブラウザ (browser)」は「インターネットでホームページを閲覧するソフト」(代表例は Google Chrome)

052 ■ ■ ■ ■ ■ ■

prestigious
[prestí:dʒəs]

prestige 名 名声

形 名声のある

単に「有名」ではなく、「名誉ある・一流で憧れる人が多い」／君たちも、a prestigious university「みんなが憧れるような名門大学」を目指す人が多いだろう。

053 ■ ■ ■ ■ ■ ■

censor [sénsər]

動 検閲する

sensor「(光・熱の) 感知装置・センサー」とは関係ない単語だが、もはや「変なこと書いてないかセンサーで検閲する」と覚えてしまおう。

054 ■ ■ ■ ■ ■ ■

censorship
[sénsərʃip]

名 検閲

Internet censorship「インターネットの検閲」はもはや常識と言えるので、ここでもしつこく取り上げる (この本の読者には完璧に覚えてほしい)。

055 ■ ■ ■ ■ ■ ■

probe [próub]

名 調査・宇宙探査機
動 調べる

prove「証明する」と関連があるので、「probe して prove する (調査して証明する)」と覚えよう／「宇宙を調べる機械」→「宇宙探査機」

056

prolong [prəlɔ́:ŋ]

動 長引かせる

「前へ(pro)長く(long)する」→「長引かせる」
／過去分詞 prolonged「長引かされた」→
「長引く」で使われることも多い。

057

disclose [dɪsklóuz]

disclosure 名 発表・開示

動 明らかにする

「閉ざす・隠す(close)ことがない(否定の
dis)」→「明らかにする・公開する・暴露す
る」(ちなみに discover も dis+cover「カバーを
外す」→「発見する」)

058

memorable [mémərəbl]

memory 名 記憶

形 記憶しやすい・忘れられな
い

「記憶(memory)されることができる(able)」
／a memorable first meeting「忘れられな
い(印象的な)最初の出会い」

059

distraction [dɪstrǽkʃən]

名 気をそらすもの(注意散漫・気晴らし)

動詞 distract から「注意散漫」という意味も
あるが、良い意味で「気をそらすもの」→「気
晴らし」もアリ／amusement に言い換える
問題が明治大で出題。

060

electronic [ɪlèktrá:nɪk]

electronics 名 電子工学

形 電子の・メールでの・イン
ターネットでの

e-mail は electronic mail「電子メール」、
e-book は electronic book「電子書籍」／
electronic money「電子マネー」

061

ethical [éθɪkl]

ethic 名 倫理・道徳

形 倫理的な

偉大な発明の話など（たとえばクローン技術）
では、ethical issues「倫理的な問題」もあ
わせて検討しないといけない、といった英
文が出る。

062

fertile [fə́:rtl]

形 肥沃な・多産の・繁殖力が
ある

本来「土地が肥えている」→「(肥沃な土地は)
植物などを生み出す」→「多産の・繁殖力
のある」

063

sharpen [ʃá:rpən]

動 鋭くする

FRISK の CM で sharpen you up が使われ
ていた（「シャープにする・シャキッとさせる」く
らいの意味）。

064

infection [ɪnfékʃən]

infect 動 伝染する・感染する
infectious 形 伝染性の・感染症の

名 感染

「体の中で (in) 病気を作る (fect)」→「伝染」
（fect は、perfect「完全に作る」→「完璧な」で
使われている）／形容詞を使った infectious
disease「感染症」も頻出。

065

isolate [áɪsəlèɪt]

isolation 名 孤立

動 孤立させる

つづりが似た island「島」と語源が同じで
「無人島でポツンと孤立」から生まれた単
語。

066

moral [mɔ́:rəl]

immoral 形 不道徳な

名 道徳
形 道徳上の・倫理的な

「モラルが低い」とは「道徳心が欠けている」こと。

067

numerous
[n(j)ú:mərəs]

形 数多くの

number と語源が一緒で、「数がたくさん」／many のカッコつけたバージョン。

068

profound [prəfáund]

形 深い

「すごく深い」というニュアンス／have a profound effect on ～「～に深い影響を与える」

069

rational [ráeʃənl]

rationality 名 合理性

形 合理的な

rate「割合」や ratio「比率」などの数字関係の単語と関連があり、本来「数字を計算している・バランスのとれた」→「理性的な・合理的な」

070

relevant [réləvənt]

relevance 名 関連性

形 関係がある

be relevant to ～「～と関係がある」の形が重要。

071

grant [grǽnt]

名補助金 **動**与える・認める

「認められ、与えられたお金」→「補助金」
／student grant「奨学金」／take 〜 for granted「〜を（認められたものとして）当然とみなす」

072

immense [iméns]

形巨大な

「計る（mense=measure）ことができない（否定の im）」→「計り知れない」→「（計り知れないほど）巨大な」

073

simultaneous
[sàiməltéiniəs]

simultaneously **副**同時に

形同時の

simultaneous interpretation「同時通訳」
／副詞 simultaneously「同時に」は青山学院大で意味を問われた（=at the same time）。

074

vain [véin]

形無駄な

vacant「空の」と語源が同じで、「空まわり」
→「無駄な」となった／in vain「無駄に（〜したけどダメだった）」が中央大で出題。

075

substantial
[səbstǽnʃəl]

substantially **副**かなり

形かなりの

「物質（substant=substance）がある」→「それなりにある」→「かなりの」（日本語でも「それなりに稼ぐ」=「かなり稼ぐ」）

076 ■ ■ ■ ■ ■ ■

retrieve [rɪtríːv]

動 回収する

「ゴールデンレトリバー (golden retriever)」は「ハンターが撃ち落とした獲物を取り戻してくる犬」

077 ■ ■ ■ ■ ■ ■

mess [més]

名 乱雑

学校の散らかった部室などを思い浮かべて、What a mess!「何て汚い部屋なの!」と言ってみよう。

078 ■ ■ ■ ■ ■ ■

tremendous
[trɪméndəs]

形 とてつもない

動詞 tremble「震える」と関連があり、tremendous は「(震えるほど) とてつもない」ということ。

079 ■ ■ ■ ■ ■ ■

undergo [ʌndərgóu]

動 受ける・経験する・耐える

「何かの影響下で (under) 物事を進める (go)」→「受ける・経験する」／「トレーニングを受ける」の意味で undergo を選ぶ問題が中央大で出題。

080 ■ ■ ■ ■ ■ ■

virtual [vɜ́ːrtʃuəl]

virtually 副 事実上

形 仮想の・事実上の

virtual reality「仮想現実 (VR)」で「仮想の」は問題ないとして、「事実上の」という意味もしっかりチェックを。

ZONE 1

081 ■■■■■■

widespread
[wáɪdspréd]

形 広く行き渡った

「幅広く (wide) 広げられた (spread)」→「広く行き渡った (普及した)」／widespread interest in artificial intelligence「広く普及した人工知能への関心」

082 ■■■■■■

overweight 注
[òuvərwéɪt]

形 肥満の

「体重 (weight) が限度を超えた (over)」→「肥満である状態」

083 ■■■■■■

immediate [ɪmí:diət]

形 すぐの・直接の

「中間に (mediate) ない (否定の im)」→「間に何もないのですぐに・直接に」／an immediate response「即レス」

immediately 副 すぐに・直接に

084 ■■■■■■

cosmetic
[ka:zmétɪk]

形 化粧の・美容の
名 化粧品 (cosmetics)

「コスメ用品」は「化粧品」のことで、cosmetics を略した言い方／cosmetic surgery「美容整形」

085 ■■■■■■

mechanism
[mékənìzm]

名 仕組み

「メカニズム・機械装置」という意味だが、入試では「仕組み」と訳すと自然になることが多い。

---

086 ■ ■ ■ ■ ■ ■

symptom [símptəm]

名 症状

「何かしらの sign(症状・徴候・印)」のイメージ/cold symptoms, such as a fever and a runny nose「熱や鼻水のような風邪の症状」

---

087 ■ ■ ■ ■ ■ ■

upload [ʌplóud]

動 アップロードする

ネット上から自分のデバイスにデータを「落とす」のが download で、SNS・動画サイトに「上げる(アップする)」のが upload

---

088 ■ ■ ■ ■ ■ ■

whiten [(h)wáitn]

動 白くする

「白さ(white)を中に込める(en)」→「白くする」/歯磨き粉・化粧品の CM で使われる「ホワイトニング(whitening)」は「白くすること・美白」

---

089 ■ ■ ■ ■ ■ ■

abnormal [æbnɔ́:rml]

形 異常な

「普通(normal)から離れた(ab)」→「異常な」/別に「変態」とは限らない/have an abnormal interest in ～「～に異常に興味を持つ」

---

090 ■ ■ ■ ■ ■ ■

accessible
[æksésəbl]

形 アクセスできる

「アクセス(access)されることができる(ible)」/文字通り「接近可能な」の他に「利用できる」の意味で使われることが多い。

091

advanced [ədvǽnst]

advance 動 進む 名 前進

形 進歩した

大学の講座やテニススクールなどで「アドバンス（ト）コース（an advanced class）」と使われることがあるが「（より前に進められた）上級コース」のこと。

092

dread [dréd]

動 恐れる・ひどく心配する

「ドレッドヘア」の語源は、あの髪型を見た人が「恐れた」からだという説がある／「恐れる」→「（恐れるほど）心配する」

093

empire [émpaɪər]

名 帝国

「帝国」とは「皇帝（emperor）」が中心となり、複数の国家・民族を治める強国のこと／the British Empire「大英帝国」

094

execute [éksəkjùːt]

execution 名 実行・死刑
executive 名 重役・エグゼクティブ

動 実行する・死刑にする

名詞 executive「重役・エグゼクティブ」は「会社のプランを実行に移す（execute）人」／「（死刑を）実行する」→「死刑にする」

095

govern [gʌ́vərn]

government 名 政府

動 支配する

名詞 government「政府」は「支配する・統治する機関」／本来は「船の舵をとる」→「組織の舵とりをする」→「支配する・統治する・管理する」

096 ■■■■■■■

hypothesis
[haɪpάːθəsɪs]

名仮説

「それってあなたの hypothesis にすぎませんよねえ」と食ってかかれば、相手から嫌われる代わりに覚えられるかと。

097 ■■■■■■■

insult 名[ínsʌlt] 動[ɪnsʌ́lt]

名侮辱 動侮辱する

「相手に (in) 跳びかかる (sult)」→「侮辱する」だが、高校のときに教わったゴロ合わせ「犬、サルと侮辱する」が忘れられない。

098 ■■■■■■■

interfere [ìntərfíər]

interference 名干渉

動邪魔する・干渉する

野球で「インターフェア」は「打撃妨害」のこと／interfere in ～「～に干渉する」(2つの in は「人の中に割り込んで干渉する」イメージで覚えよう)

099 ■■■■■■■

scheme [skíːm]

名計画・陰謀

ビジネスで「事業計画」、政治でも「計画」の意味で「スキーム」と使われることがある／ただし、「悪い計画」→「陰謀」の意味もある。

100 ■■■■■■■

triumph [tráɪəmf]

名勝利 動勝利する

triumph から trump「(トランプの) 切り札」が生まれたので、「trump (切り札) で triumph する (勝利する)」と覚えよう。

101 ■ ■ ■ ■ ■ ■

apparent [əpǽrənt]

形 明らかな

「誰の目にも現れてくる (appear) ような」→
「明らかな」

102 ■ ■ ■ ■ ■ ■

concise [kənsáis]

形 簡潔な

「不要部分が完全に (con) 切り離された (cise
は scissors「はさみ」と語源が同じ)」→「簡潔
な」／cise の「サイス」という響きがスパッ
と切れる感じ。

103 ■ ■ ■ ■ ■ ■

steep [stíːp]

形 (坂などが) 急な

本来「高くて険しい」／「坂」以外にグラフ
でも使われ、a steep increase[rise]「急増」、
a steep decrease[decline]「急激な落ち込
み」

104 ■ ■ ■ ■ ■ ■

consent [kənsént]

名 同意 動 同意する

「インフォームド・コンセント (informed
consent)」は「病状・治療方針を患者が知ら
され (informed)、それに同意 (consent) す
ること」

105 ■ ■ ■ ■ ■ ■

acknowledge
[æknáːlidʒ]

動 認める・知らせる

「知識 (knowledge) としてあることを認める・
知らせる」

🔊 **TRACK11** [101-110]

106 ■■■■■■■

regarding
[rɪgáːrdɪŋ]

前 ～に関して

動詞 regard「みなす・考える」が分詞構文になったもので、「～について考えると」→「～に関して」になった／前置詞 about と同じ。

107 ■■■■■■■

distinct [dɪstíŋkt]

distinction **名** 区別・特徴

形 はっきりした・異なった・独特の

「他と区別する (distinguish)」→「はっきりした」→「(はっきりして) 異なった」→「独特の」／a singer with a distinct voice「独特な声の歌手」

108 ■■■■■■■

distinctive [dɪstíŋktɪv]

形 他と区別できる・独特な

とりあえず distinct と同じと考えて大丈夫／Ado has a distinctive[distinct] voice.「Ado は独特な声をしている」

109 ■■■■■■■

enormous [ɪnɔ́ːrməs]

enormously **副** 非常に

形 巨大な

「ノルマ・基準 (norm) の外に (e=ex)」→「基準を超えた」→「巨大な」／an enormous dinosaur fossil「巨大な恐竜の化石」

110 ■■■■■■■

sweep [swíːp]

動 掃く

「床をスイーッと掃く」イメージ／sweep the floor「床を掃く」

111

expense [ɪkspéns]

expensive 形 高価な

名 費用・犠牲

形容詞 expensive「高価な」の名詞形／「出費」とは「犠牲」とも言える／at the expense of ～「～を犠牲にして」という熟語が重要。

112

extinguish [ɪkstíŋgwɪʃ]

動 消す

消火器に fire extinguisher と書いてあるので、学校で必ずチェックを（周りから「お前何やってんの?」と言われても気にしない）。

113

gigantic [ʤaɪgǽntɪk]

giant 名 巨人・大企業

形 巨大な・膨大な

「巨人（gigant=giant）のような（ic）」→「巨大な」

114

marine [mərí:n]

形 海の・船舶の

「マリンスポーツ（marine sports）」は「サーフィンなどの海で行うスポーツ」／入試頻出のプラスチック汚染の話で marine species「海洋生物」がよく出る。

115

neglect [nɪglékt]

名 無視 動 無視する・怠る

「集め（lect=collect）ない（neg=not）」→「ちゃんと集めず、怠る」／neglect one's health「自分の健康を怠る」→「不摂生をする」は東京理科大で出題。

116

objective [əbdʒéktɪv]

object 名 物・目標・目的語
　　　 動 反対する
objection 名 反対

名 目的 形 客観的な

英文法で「目的語」をOと表すのは object
のことなので、それに関連させて objective
「目的」→「目的を客観的に見る」→「客観
的な」と考えよう。

117

indifferent
[ɪndífərənt]

形 無関心な

「気持ちが違った状態 (different) にならない
(否定の in)」→「無関心な」／ be indifferent
to this project「この事業に無関心だ」で、
indifferentを書かせる問題が高知大で出題。

118

resign [rɪzáɪn]

resignation 名 辞任

動 辞任する

「就任時に一度署名 (sign) した後に、もう
辞めるので再び (re) 署名 (sign) する」→「辞
任する」

119

subtle [sʌ́tl]

形 微妙な・かすかな

subtle の b は読まず「サトル」と発音／「サ
トル君は微妙な違いを悟る男」

120

cease [síːs]

動 やめる・終わる

本来「スーっと消えてなくなってしまう」
(「スィース…」と寂しく発音してみよう)／
cease talking「おしゃべりするのをやめる」

---

121 ⬛⬛⬛⬛⬛⬛

challenging
[tʃǽlɪndʒɪŋ]

形 やりがいのある

challenge の「やりがい」という意味から生まれた。社会人が「けっこうチャレンジングな仕事」と使うことも増えてきた。

---

122 ⬛⬛⬛⬛⬛⬛

sacrifice [sǽkrəfàɪs]

名 犠牲 動 犠牲にする

本来「神聖な (sacred) ものへ捧げるいけにえ・犠牲」／make sacrifices「犠牲を払う」

---

123 ⬛⬛⬛⬛⬛⬛

wander [wá:ndər]

動 歩き回る

wonder「不思議に思う」と間違えないように!／wander around[about]「さまよう・歩き回る」の形が重要 (around・about「周りに」)。

---

124 ⬛⬛⬛⬛⬛⬛

worship [wə́:rʃəp]

動 崇拝する 名 崇拝

「価値がある (wor=worth) 状態 (ship)」→「崇拝」／ship は friendship「友情」で使われている。

---

125 ⬛⬛⬛⬛⬛⬛

remedy [rémədi]

名 治療・改善

「何度も (re) 薬をつける (medy=medicine)」→「治療」／実際の「治療」だけでなく、「(問題の) 改善」でも多用される。

126 ▪▪▪▪▪▪

circumstance
[sə́:rkəmstæns]

名状況

「周りを丸く囲んで (circum=circle) 立つ (stance=stand)」→「(自分を囲む) 状況」／四方八方の状況を示すので複数形 circumstances で使う。

127 ▪▪▪▪▪▪

attain [ətéɪn]

動達成する

「〜に向けて (at) 持つ (tain)」→「〜に到達する・達成する」／attain real happiness「本当の幸福を手にいれる」は岩手大で出題。

128 ▪▪▪▪▪▪

fundamental
[fʌndəméntl]

形基本的な・重要な

化粧の「ファンデーション」は、文字通りには、名詞 foundation「基礎・土台」で、fundamental「基礎となる」→「基本的な・重要な」

129 ▪▪▪▪▪▪

bare [béər]

形裸の・むき出しの・最低限の

「本来あるべきものを身に着けていない・体の一部がむき出しの」というイメージ／with one's bare hands「素手で」／the bare minimum「最低限のこと」

130 ▪▪▪▪▪▪

endure [ɪnd(j)úər]

動耐える

put up with 〜「〜を我慢する」という熟語と同じ意味の endure を選ばせる問題は青山学院大で出題。

131

excluding
[ıksklú:dıŋ]

前 ～を除いて

動詞 exclude は「外 に (ex) 締 め 出 す (clude=close)」→「除外する」で、その -ing 形 (厳密には分詞構文だが前置詞と考えて OK)。

132

bounce [báuns]

動 はねる (バウンドする)

「メールがはじかれて、戻ってきちゃう」は、この bounce を直訳した表現かと思われる／The e-mail bounced back.「そのメールが戻ってきた」

133

scroll [skróul]

動 スクロールする

「画面をスクロール (scroll) する」でおなじみ／本来「巻き物 (roll) を転がして読んでいく」

134

guarantee
[gæ̀rəntí:]

動 保証する 名 保証 (書)

芸能人が言う「ギャラ」は「テレビ出演で保証 (guarantee) される金額」

135

handle [hǽndl]

動 扱う 名 取っ手

「手 (hand) で扱う」→「(手で扱う) 取っ手」／車のハンドルのイメージは捨てること!

🔊 TRACK14 [131-140]

136 ▪▪▪▪▪▪

literally [lítərəli]

副 文字通りには

interpret the order literally「命令を文字通りに解釈する」／この本のメソッドも文字通り「6回」行うこと（勝手に「4回でもいいかな?」とか解釈しないように）。

137 ▪▪▪▪▪▪

distract [dɪstrǽkt]

動 そらす

「分離して (dis) 引っ張る (tract)」→「引き離す」→「そらす」／be distracted「注意をそらされている」→「注意がそれている」でよく使われる。

138 ▪▪▪▪▪▪

mend [ménd]

動 修理する

「直す」こと全般に使われて、「修理する・(服のほつれなどを) 直す・(人の心を) 改める」などすべて OK

139 ▪▪▪▪▪▪

transplant
動[trænsplǽnt] 名[trǽnsplænt]

動 移植する 名 移植

「臓器を移動して (trans) 植えつける (plant)」→「移植する」(plant「植物・植える」)

140 ▪▪▪▪▪▪

oblige [əbláɪdʒ]

動 義務づける

oblige 囚 to ～「囚に～させる・義務づける」の受動態、be obliged to ～「～せざるをえない」の形が重要。

141

reconsider
[rí:kənsídər]

動再考する

「再び (re) 考える (consider)」→「再考する」

142

reverse [rɪvə́ːrs]

動逆にする

服 で よ く 使 わ れ る「リ バ ー シ ブ ル (reversible)」は「裏 表 を ひ っ く り 返 す (reverse) ことができる (ible)」

143

haste [héɪst]

hasten 動急ぐ・急がせる

名急ぐこと

「バタバタと慌ただしい」イメージで、迅速 というより、ちょっと落ち着かない含みがあ る／in haste「急いで」という熟語も重要。

144

stain [stéɪn]

動汚す 名汚れ・しみ

「ステンレス (stainless)」は「汚れ (stain) が ない (less)」という意味。

145

conquer [ká:ŋkər]

conquest 名征服

動征服する・克服する

「完全に (con) 獲得する (quer)」→「征服す る・克服する」／quer (quire)「獲得する」は acquire「得る」でも使われている。

---

146 ■■■■■■

strive [stráɪv]

動努力する

try の必死バージョン／strive for 名詞・strive to 原形「～を求めて～しようと努力する」の形が大事。

---

147 ■■■■■■

exaggerate
[ɪgzǽdʒərèɪt]

exaggeration 名誇張

動誇張する

「話を盛る」イメージ／exaggerate his accomplishments「彼の業績を大げさに言う」

---

148 ■■■■■■

fame [féɪm]

famous 形有名な

名名声

famous「有名な」の名詞形が fame と知れば簡単かと（なぜかこれを教えてもらえないことが多いが）／fame and fortune「名声と富」

---

149 ■■■■■■

thesis [θíːsɪs]

名論文

本来のギリシア語読みで「テーゼ」→「主張」→「主張を示したもの」→「論文」／a graduation thesis「卒業論文」は青山学院大で出た。

---

150 ■■■■■■

cope [kóup]

動うまく処理する

cope with ～「～にうまく対処する」の形が重要／cope with this situation「この状況をうまく処理する」

151

sophisticated
[səfístɪkèɪtɪd]

形 洗練された

上智大学は英語でSophia Universityだが、sophiaはギリシャ語で「知・智」の意味／「知・智（sophia）を与えられて洗練させられている」と考えよう。

152

vertical [vé:rtɪkl]

形 垂直の・縦方向の

horizontal and vertical lines「水平な線と垂直な線」／グラフの説明に欠かせない単語。

153

weigh [wéɪ]

weight 名 重さ

動 重さがある・比較する

weight「重さ」は名詞で、weighは動詞（この品詞の区別は早稲田大でも出題）／「重さを測る」→「比べる」→「比較する・検討する」

154

contemplate
[ká:ntəmplèɪt]

動 熟考する

単語の中にtempleがあるので「お寺の中でじっくり考える」と覚えるのもアリ。

155

advertise
[ǽdvərtàɪz]

advertisement 名 宣伝

動 宣伝する

名詞advertisement（頭文字をとって「広告」をadと言うこともある）の動詞がadvertise

🔊 TRACK16 [151-160]

156

annual [ǽnjuəl]

🔲形 年間の・例年の

「年の」と訳されるだけのことが多いが、「年間の (1年間の合計の)」と「例年の (年に1度の)」の意味がある。

157

stable [stéibl]

🔲形 安定した

「しっかりと立つ (sta=stand) ことができる (able)」→「安定した」／a stable society「安定した社会」は早稲田大で出た。

158

calculate [kǽlkjulèit]

🔲動 計算する・予測する

本来「石 (calculus) を使って数える」なので cal という音を利用して「軽石を使って数える」と覚えてしまおう。

159

insert [insə́:rt]

🔲動 挿入する

insert a memory card into my PC「メモリーカードを私のパソコンに挿入する」

160

tune [t(j)ú:n]

🔲動 調整する 🔲名 曲

「チューニング」や「キラーチューン (大ヒット曲のこと)」からイメージ／リスニングでラジオニュースが出ると tune in to ～「～にチャンネルを合わせる」がよく使われる。

161

distribute [dɪstríbjuːt]

distribution 名 分配・配布

動 分配する・配布する

「大勢に配る」イメージ／大学のシラバス（講義内容を説明する冊子）では "Handouts to be distributed in class"「授業で配布予定の資料」と使われる。

162

exhibit [ɪgzíbɪt]

exhibition 名 展覧会

動 展示する 名 展示

「外へ (ex) 持っている (hibit=have)」→「展示する」／博物館の紹介などで使われる（長文でもリスニングでも出る）。

163

tackle [tékl]

動 取り組む

格闘技やラグビーで「タックルする」イメージそのまんまで、「課題にタックルする」→「果敢に取り組む」／中央大で tackle ≒ deal with ～「～に対処する」が出た。

164

fulfill [fulfíl]

fulfillment 名 実現・満足感

動 満たす・果たす・実現させる

「十分に (ful=full) 満たす (fill)」→「満たす・果たす・実現させる」／fulfill his wish「彼の願いを叶えてあげる」（アラジンの話で）

165

grasp [grǽsp]

形 掴む・理解する

「グッと掴む」イメージで、「物を掴む」→「（状況・意味を）掴む」→「理解する」

🔊 TRACK17 [161-170]

166 ■ ■ ■ ■ ■ ■

sequence [síːkwəns]

名連続

フィギュアスケートの「ステップシークエンス」は「複数のステップを連続していく技」／in sequence「次々と」

167 ■ ■ ■ ■ ■ ■

honor [áːnər]

名名誉・光栄
動光栄に思わせる

honest「正直な」と関連があるので、「honestな性格が honor（名誉）だ」と覚えよう。

168 ■ ■ ■ ■ ■ ■

component
[kəmpóunənt]

名部品・構成要素

全体をバラした「1つの部品」というイメージ／「実際の部品」と「抽象的な部品（構成要素）」の意味がある。

169 ■ ■ ■ ■ ■ ■

intermediate
[ìntərmíːdiət]

形中間の

inter は「〜の間」、mediate は「真ん中（middle）」で、とにかく「中間感」が激しすぎる単語。

170 ■ ■ ■ ■ ■ ■

charm [tʃáːrm]

charming 形魅力的な

動魅了する

本来「魔法で好きにさせる」→「魅了する」で「素敵!」と思わせるイメージ／be charmed by his voice「彼の声にうっとりする」

171

modify [má:dəfài]

動変更する

「特定の状態・モード (mod=mode) に合わせる (ify)」→「変更・修正する」

172

obstacle [á:bstəkl]

名障害(物)

「反対して (ob=object) 立つ (stacle=stand) もの」→「障害」／barrier「障害」を obstacle に言い換える問題が長崎大で出題。

173

overcome [òuvərkám]

動克服する・打ち勝つ

「障害の上を越えて (over) やって来る (come)」→「克服する・打ち勝つ」／ overcome culture shock「カルチャーショックを克服する」は静岡大で出題。

174

presence [prézns]

名存在・出席

「出席している (present) こと」→「存在・出席」／in her presence「彼女がいるところで」は東京外国語大で出た。

175

recognition
[rèkəgníʃən]

recognize **動認識する**

名認識

「再び (re) わかる (cognize) こと」→「頭の中の情報と目の前の情報が一致すること」→「認識」／「あ、あのことね♪」という感覚。

176 ■ ■ ■ ■ ■ ■ ■

seize [síːz]

動 掴む

「逃さないように素早く掴む」イメージ／「物理的なものを掴む」以外に、抽象的なものでも OK ／ Seize the day! は「その日を掴め」→「チャンスを掴め!」という決まり文句。

177 ■ ■ ■ ■ ■ ■ ■

assert [əsə́ːrt]

動 主張する

「say が激しくなった」イメージで、assert that ～「～と主張する」の形が大事。

178 ■ ■ ■ ■ ■ ■ ■

illustrate [íləstrèit]

動 説明する

「イラスト (illustration)」は本来「本文を説明する絵」のこと／ illustrate the point「そのポイントを説明する」

179 ■ ■ ■ ■ ■ ■ ■

editor [édətər]

名 編集者

edit 動 編集する

パソコンの編集ソフトで「エディタ」とよく使われるが、その意味より「編集者」という意味を覚えたい／英語の試験 (特にリスニング) でよく登場する職業の 1 つ。

180 ■ ■ ■ ■ ■ ■ ■

submit [səbmít]

動 降伏する・提出する

submission 名 服従・提出物

「下 (sub) に自分を送る (mit：transmit「送る」)」→「降伏させる・降伏する」→「(自国の領土を) 差し出す」→「提出する」

181

summarize [sʌ́məràɪz]

summary 名 要約

動 要約する

「合計 (sum)・要約 (summary) した状態にする (ize)」→「要約する」／summarize the problem「問題点を要約する」／社会人は「サマる」と言うことも。

182

temporary [témpərèri]

形 一時的な

tempo「テンポ」→「時間」→「一時的な・仮の」とイメージ／ウチのスタッフ (東大卒) は「テンポラリー店舗 (仮設店舗)」で覚えたとか／temporary employment「臨時雇用」

183

utilize [júːtəlàɪz]

utility 名 有益・実用性

動 利用する

「ユーティリティープレーヤー (utility player)」は「(スポーツで) どのポジションでもこなせる役立つ選手」／その動詞形が utilize「役立たせる」→「利用する」

184

counsel [káunsl]

動 助言する

「カウンセリング (counselling)」は「悩みを抱える人に対し助言・アドバイスすること」

185

state-of-the-art
[stéɪtəvðɑ́ːrt]

形 最新式の

「芸術の域 (art) の状態 (state)」→「最新式の」／商品・設備の広告によく使われる。

186 ■■■■■■

illuminate [ɪlúːmənèɪt]

illumination 名 照明

動 照らす・啓蒙する

「イルミネーション (illumination)」は「夜にきれいな風景を作り出す照明」／「啓蒙する」は「人の心に明かりを照らす」こと。

187 ■■■■■■

install [ɪnstɔ́ːl]

動 取り付ける・(パソコンに)インストールする

本来の「取り付ける」の意味が同志社大で出題／install an air conditioner「エアコンを取り付ける」

188 ■■■■■■

rate [réɪt] 🏅

名 割合・比率・料金 動 評価する

為替や外貨の「レート」から「割合・交換率」などをイメージしよう／the birth rate「出生率」／flat rate「均一料金」はタクシーなどで使われる。

189 ■■■■■■

ratio [réɪʃiòʊ]

名 割合

rate「割合・比率」と語源が同じ／student-teacher ratio「生徒と教師の割合」→「1教師あたりの生徒数」

190 ■■■■■■

decent [díːsnt]

形 きちんとした・見苦しくない

「(場に)ふさわしい」→「きちんとした」→「見苦しくない (ギリOK)」

191 ■ ■ ■ ■ ■ ■

specialize [spéʃəlàɪz]

special 形 特別の

動 専門に研究する

「専門に (special) する (ize)」→「専攻する」／「スペシャルに勉強する」と考えよう／specialize in ～「～を専門とする」

192 ■ ■ ■ ■ ■ ■

superb [su(:)pə́:rb]

形 素晴らしい・極上の

「superb は super だ」→「素晴らしい」と考えれば OK

193 ■ ■ ■ ■ ■ ■

belongings
[bəlɔ́:ŋɪŋz]

名 所有物

「人に属している (belong) もの」→「所有物」／所有物はいくつもあるので複数形 (belongings) で使う。

194 ■ ■ ■ ■ ■ ■

compatible
[kəmpǽtəbl]

形 両立できる

本来「互いに (com) パッション (passion「情熱」) を持つことができる (ible)」→「気が合う・相性が良い」→「両立できる・共存できる・互換性のある」

195 ■ ■ ■ ■ ■ ■

genuine [dʒénjuɪn]

形 本物の

fake「偽者の」の対義語／a genuine Hokusai「本物の北斎の作品」(a + 固有名詞「○○の作品」)

🔈 TRACK20 [191-200]

196 ■■■■■■

likewise [láikwàiz]

副 同じように・(会話で)こちらこそ

「〜に似た(前置詞 like)ように(wise)」→「同様に」／(最近難化する会話問題対策として)日常会話で「こちらこそ同様に」としても使われる。

197 ■■■■■■

situate [sítʃuèit]

situation 名 状況

動 置く

本来「(建物を)置く」で、受動態 be situated「置かれている」→「位置している・ある」で使われる。

198 ■■■■■■

tighten [táitn]

動 しっかり締める

「タイトさ・キツさ(tight)を中に込める(en)」→「しっかり締める」／「ゆるんだものをギュッと締める」イメージ。

199 ■■■■■■

token [tóukən]

名 しるし

本来「気持ち・価値を示すしるし」／入試では as a token of 〜「〜のしるしとして」で出てくる／as a token of our appreciation「私たちの感謝のしるしとして」

200 ■■■■■■

constantly
[ká:nstəntli]

constant 形 絶え間ない・一定の

副 絶えず

「完全に・ずっと(con)立っている(stant = stand)」→「絶えず」／「コンスタントに」は「常に・絶えず・いつも」

次の(1)〜(5)の単語の意味を、① 〜⑤ から選びなさい。

1
(1) **stable**　(2) **memorable**　(3) **distract**　(4) **presence**
(5) **lift**

① 持ち上げる・(禁止などを)解除する／持ち上げること　② 存在・出席　③ そらす
④ 記憶しやすい・忘れられない　⑤ 安定した

　　　　　　　A　(1) ⑤　(2) ④　(3) ③　(4) ②　(5) ①

2
(1) **inclusive**　(2) **immense**　(3) **cease**　(4) **grasp**
(5) **cope**

① 巨大な　② やめる・終わる　③ 掴む・理解する　④ 含んだ・インクルーシブな
⑤ うまく処理する

　　　　　　　A　(1) ④　(2) ①　(3) ②　(4) ③　(5) ⑤

3
(1) **sophisticated**　(2) **metabolic**　(3) **insult**
(4) **triumph**　(5) **remedy**

① 勝利／勝利する　② 洗練された　③ 新陳代謝の　④ 治療・改善
⑤ 侮辱／侮辱する

　　　　　　　A　(1) ②　(2) ③　(3) ⑤　(4) ①　(5) ④

4
(1) **well-being**　(2) **simultaneous**　(3) **seize**
(4) **illuminate**　(5) **literally**

① 幸福・福祉　② 掴む　③ 照らす・啓蒙する　④ 同時の　⑤ 文字通りには

　　　　　　　A　(1) ①　(2) ④　(3) ②　(4) ③　(5) ⑤

5
(1) **thesis**　(2) **rate**　(3) **exhibition**　(4) **fatal**
(5) **oblige**

① 割合・比率・料金／評価する　② 論文　③ 展覧会　④ 致命的な　⑤ 義務づける

　　　　　　　A　(1) ②　(2) ①　(3) ③　(4) ④　(5) ⑤

6

(1) **fundamental**　(2) **weigh**　(3) **apparent**　(4) **tackle**
(5) **endure**

① 取り組む　② 耐える　③ 基本的な・重要な　④ 重さがある・比較する　⑤ 明らかな

―――――――――――― A　(1) ③　(2) ④　(3) ⑤　(4) ①　(5) ②

7

(1) **censor**　(2) **scroll**　(3) **component**　(4) **temporary**
(5) **install**

① 部品・構成要素　② 取り付ける・(パソコンに)インストールする　③ スクロールする
④ 検閲する　⑤ 一時的な

―――――――――――― A　(1) ④　(2) ③　(3) ①　(4) ⑤　(5) ②

8

(1) **interfere**　(2) **westernize**　(3) **state-of-the-art**
(4) **sweep**　(5) **specialize**

① 最新式の　② 邪魔する・干渉する　③ 西洋化する　④ 専門に研究する　⑤ 掃く

―――――――――――― A　(1) ②　(2) ③　(3) ①　(4) ⑤　(5) ④

9

(1) **compatible**　(2) **tremendous**　(3) **govern**
(4) **searchable**　(5) **excluding**

① ～を除いて　② 検索可能な　③ 支配する　④ とてつもない　⑤ 両立できる

―――――――――――― A　(1) ⑤　(2) ④　(3) ③　(4) ②　(5) ①

10

(1) **expense**　(2) **vertical**　(3) **profound**　(4) **boom**
(5) **constantly**

① 垂直の・縦方向の　② 絶えず　③ 費用・犠牲　④ ブームになる／好景気・急成長
⑤ 深い

―――――――――――― A　(1) ③　(2) ①　(3) ⑤　(4) ④　(5) ②

次の(1)〜(5)の単語の意味を、① 〜⑤ から選びなさい。

11
(1) **refined** 　(2) **imply** 　(3) **stroke** 　(4) **nurture**
(5) **whiten**

① ほのめかす 　② 育てる 　③ 洗練された 　④ 白くする 　⑤ 一撃・発作

A 　(1) ③ 　(2) ① 　(3) ⑤ 　(4) ② 　(5) ④

12
(1) **abnormal** 　(2) **extinguish** 　(3) **transplant**
(4) **offend** 　(5) **ethical**

① 倫理的な 　② 不快にさせる・怒らせる 　③ 消す 　④ 移植する／移植 　⑤ 異常な

A 　(1) ⑤ 　(2) ③ 　(3) ④ 　(4) ② 　(5) ①

13
(1) **reconsider** 　(2) **browse** 　(3) **relevant** 　(4) **monitor**
(5) **tighten**

① 閲覧する 　② 関係がある 　③ 監視する／モニター（ディスプレイ） 　④ 再考する
⑤ しっかり締める

A 　(1) ④ 　(2) ① 　(3) ② 　(4) ③ 　(5) ⑤

14
(1) **makeup** 　(2) **fertile** 　(3) **ratio** 　(4) **strive**
(5) **modify**

① 割合 　② 変更する 　③ 肥沃な・多産の・繁殖力がある 　④ 努力する 　⑤ 構造

A 　(1) ⑤ 　(2) ③ 　(3) ① 　(4) ④ 　(5) ②

15
(1) **objective** 　(2) **rotate** 　(3) **grant** 　(4) **accessible**
(5) **worship**

① アクセスできる 　② 回転する 　③ 崇拝する／崇拝 　④ 補助金／与える・認める
⑤ 目的／客観的な

A 　(1) ⑤ 　(2) ② 　(3) ④ 　(4) ① 　(5) ③

16 (1) utilize (2) contemplate (3) genuine (4) symptom (5) resign

① 辞任する ② 熟考する ③ 症状 ④ 本物の ⑤ 利用する

A (1) ⑤ (2) ② (3) ④ (4) ③ (5) ①

17 (1) mess (2) editor (3) neglect (4) isolate (5) immune

① 孤立させる ② 編集者 ③ 無視／無視する・怠る
④ 免疫がある・免れた・影響を受けない ⑤ 乱雑

A (1) ⑤ (2) ② (3) ③ (4) ① (5) ④

18 (1) bankrupt (2) dread (3) definite (4) reside (5) illustrate

① ある ② 恐れる・ひどく心配する ③ 説明する ④ 破産した ⑤ はっきりした

A (1) ④ (2) ② (3) ⑤ (4) ① (5) ③

19 (1) gigantic (2) agriculture (3) retrieve (4) belongings (5) recognition

① 農業 ② 認識 ③ 所有物 ④ 巨大な・膨大な ⑤ 回収する

A (1) ④ (2) ① (3) ⑤ (4) ③ (5) ②

20 (1) situate (2) exhibit (3) prestige (4) rational (5) transparent

① 名声 ② 透明な ③ 展示する／展示 ④ 合理的な ⑤ 置く

A (1) ⑤ (2) ③ (3) ① (4) ④ (5) ②

次の (1)～(5) の単語の意味を、① ～⑤ から選びなさい。

21
(1) **ease**　(2) **charm**　(3) **assert**　(4) **attain**
(5) **counterpart**

① 達成する　② 主張する　③ 軽減する／容易さ・気楽さ　④ 相当するもの
⑤ 魅了する

A　(1) ③　(2) ⑤　(3) ②　(4) ①　(5) ④

22
(1) **incline**　(2) **regarding**　(3) **obstacle**　(4) **moral**
(5) **steep**

① する気にさせる・思わせる　② ～に関して　③ （坂などが）急な
④ 道徳／道徳上の・倫理的な　⑤ 障害（物）

A　(1) ①　(2) ②　(3) ⑤　(4) ④　(5) ③

23
(1) **obesity**　(2) **numerous**　(3) **stain**　(4) **conquer**
(5) **extraordinary**

① 汚す／汚れ・しみ　② 普通ではない・並はずれた　③ 肥満　④ 征服する・克服する
⑤ 数多くの

A　(1) ③　(2) ⑤　(3) ①　(4) ④　(5) ②

24
(1) **posture**　(2) **distribute**　(3) **intermediate**
(4) **calculate**　(5) **revolve**

① 分配する・配布する　② 中間の　③ 姿勢・心構え　④ 計算する・予測する
⑤ 回転する

A　(1) ③　(2) ①　(3) ②　(4) ④　(5) ⑤

25
(1) **insert**　(2) **counsel**　(3) **concise**　(4) **censorship**
(5) **burden**

① 簡潔な　② 検閲　③ 助言する　④ 挿入する　⑤ 負担

A　(1) ④　(2) ③　(3) ①　(4) ②　(5) ⑤

26 (1) **indifferent**　(2) **anonymous**　(3) **electronically**
(4) **token**　(5) **bare**

① 無関心な　② 匿名の　③ インターネットで　④ 裸の・むき出しの・最低限の　⑤ しるし

A　(1) ①　(2) ②　(3) ③　(4) ⑤　(5) ④

27 (1) **sequence**　(2) **overweight**　(3) **ban**　(4) **tune**
(5) **upload**

① アップロードする　② 禁止する／禁止　③ 調整する／曲　④ 肥満の　⑤ 連続

A　(1) ⑤　(2) ④　(3) ②　(4) ③　(5) ①

28 (1) **advertise**　(2) **honor**　(3) **substantial**　(4) **mend**
(5) **cosmetic**

① かなりの　② 化粧の・美容の／化粧品　③ 修理する　④ 宣伝する
⑤ 名誉・光栄／光栄に思わせる

A　(1) ④　(2) ⑤　(3) ①　(4) ③　(5) ②

29 (1) **renowned**　(2) **vain**　(3) **decent**　(4) **submit**
(5) **proceed**

① きちんとした・見苦しくない　② 降伏する・提出する　③ 進める　④ 無駄な　⑤ 有名な

A　(1) ⑤　(2) ④　(3) ①　(4) ②　(5) ③

30 (1) **marine**　(2) **fulfill**　(3) **distraction**　(4) **scheme**
(5) **enormous**

① 海の・船舶の　② 巨大な　③ 気をそらすもの（注意散漫・気晴らし）　④ 計画・陰謀
⑤ 満たす・果たす・実現させる

A　(1) ①　(2) ⑤　(3) ③　(4) ④　(5) ②

次の(1)〜(5)の単語の意味を、①〜⑤から選びなさい。

31
(1) **haste**　(2) **prestigious**　(3) **handle**　(4) **superb**
(5) **circumstance**

① 急ぐこと　② 状況　③ 素晴らしい・極上の　④ 名声のある　⑤ 扱う／取っ手

A (1) ①　(2) ④　(3) ⑤　(4) ③　(5) ②

32
(1) **procedure**　(2) **challenging**　(3) **advanced**
(4) **reverse**　(5) **fame**

① 逆にする　② 進歩した　③ 手順　④ 名声　⑤ やりがいのある

A (1) ③　(2) ⑤　(3) ②　(4) ①　(5) ④

33
(1) **infection**　(2) **guarantee**　(3) **distinct**　(4) **trivial**
(5) **acknowledge**

① 認める・知らせる　② 保証する／保証(書)　③ はっきりした・異なった・独特の
④ 些細な　⑤ 感染

A (1) ⑤　(2) ②　(3) ③　(4) ④　(5) ①

34
(1) **probe**　(2) **disclose**　(3) **absurd**　(4) **summarize**
(5) **annual**

① 要約する　② ばかげた　③ 年間の・例年の　④ 調査・宇宙探査機／調べる
⑤ 明らかにする

A (1) ④　(2) ⑤　(3) ②　(4) ①　(5) ③

35
(1) **distinctive**　(2) **immediate**　(3) **orbit**　(4) **sacrifice**
(5) **overcome**

① 他と区別できる・独特な　② すぐの・直接の　③ 克服する・打ち勝つ
④ 軌道／軌道を描いて回る　⑤ 犠牲／犠牲にする

A (1) ①　(2) ②　(3) ④　(4) ⑤　(5) ③

36 (1) electronic   (2) mortality   (3) likewise   (4) wander   (5) hypothesis

① 歩き回る   ② 同じように・(会話で)こちらこそ   ③ 仮説   ④ 死亡
⑤ 電子の・メールでの・インターネットでの

A   (1) ⑤   (2) ④   (3) ②   (4) ①   (5) ③

37 (1) bounce   (2) addictive   (3) mechanism   (4) stiff   (5) compel

① 強いる   ② 中毒性の   ③ はねる(バウンドする)   ④ 仕組み   ⑤ 堅い

A   (1) ③   (2) ②   (3) ④   (4) ⑤   (5) ①

38 (1) face-to-face   (2) supplement   (3) consent   (4) undergo   (5) sphere

① 面と向かっての／面と向かって   ② 補足・サプリメント／補う
③ 受ける・経験する・耐える   ④ 同意／同意する   ⑤ 球体・範囲

A   (1) ①   (2) ②   (3) ④   (4) ③   (5) ⑤

39 (1) exaggerate   (2) subtle   (3) expectancy   (4) assignment   (5) prolong

① 予想・期待   ② 微妙な・かすかな   ③ 誇張する   ④ 課題   ⑤ 長引かせる

A   (1) ③   (2) ②   (3) ①   (4) ④   (5) ⑤

40 (1) virtual   (2) empire   (3) widespread   (4) sharpen   (5) execute

① 広く行き渡った   ② 帝国   ③ 鋭くする   ④ 実行する・死刑にする
⑤ 仮想の・事実上の

A   (1) ⑤   (2) ②   (3) ①   (4) ③   (5) ④

単語を覚える実感は
「視力が上がる」ようなもの

　100個の単語を覚えると、視力が0.1上がるイメージです。0.1上がるだけでもすごいことですが、実際に外の景色を見たときに視力が上がった実感を持てることはないでしょう。

　つまり、100語覚えても（実際に単語力はアップしているものの）「実感」は持ちにくいのです。

　もしこれが1000語なら、視力が1.0上がるようなものです。それくらいの変化があると想像してみてください。視力0.2の人が1.2になれば、見える世界がガラリと変わります。いざ長文を見たときに、英単語に関して、それくらいの景色の変化が起きるのです（現在1.2以上の人には想像しづらいでしょうが）。

　ですから、途中で「挫折しそうだな」と思ったら、取り組む量を減らすのもアリなのですが（「半分」の1日1時間（100個）なら1セット（5日間）で500個なので「1ヵ月500個」を覚えられる）、最終的には1000個まで到達してください。成功したときのインパクトは計り知れないものがあるのです。

　その感動とやり切った自信は、今後みなさんが英語を勉強していくうえで、強烈な武器になってくれるはずですよ。頑張ってくださいね。

ZONE

2

[単語201〜400]

	DATE	NOTE
Set 1	/	
Set 2	/	
Set 3	/	
Set 4	/	
Set 5	/	
Set 6	/	

ZONE 2

① / ② / ③ / ④ / ⑤ / ⑥

201

district [dístrɪkt]

名 地区

「厳しく (strict) 分離させた (di) 場所」→「地区・区域」くらいに考えるのもアリかも／a school district「学区」、a business district「商業地域・ビジネス街」

202

envy [énvi]

動 うらやむ

本来「中 (en) を覗き見る (vy=vision)」→「(つい覗くほど) うらやましがる」／envy his intelligence「彼の頭の良さをうらやましく思う」

203

excursion
[ɪkskə́:rʒən]

名 小旅行・遠足

旅行のガイドブックで「エクスカージョン」といえば「旅行先での短いツアー (島や遺跡巡り)」のこと／a one-day excursion「日帰りの小旅行」

204

magnificent
[mægnífəsənt]

形 壮大な

絶景によく使われる単語／magni は「大きい・偉大な」(magnitude「マグニチュード」は地震の「大きさ」を示す)

205

overall
形 [óuvərɔ̀:l] 副 [òuvərɔ́:l]

形 全体的な 副 全体として

「全部を (all) 覆って (over)」→「全体的な」／「オーバーオール」は「体全体を覆うようなデニム生地の服」

206 ■ ■ ■ ■ ■ ■

partial [pá:rʃəl]

形 部分的な・不公平な

「部分(part)に偏った」→「部分的な」となり、「部分的な」→「みな公平にするわけではない」→「不公平な」

207 ■ ■ ■ ■ ■ ■

partially [pá:rʃəli]

副 部分的に・不公平に

「部分 (part) においては」→「部分的には」／会話・ディスカッションで便利／I partially agree.「部分的には賛成です」(完全には賛成でない)

208 ■ ■ ■ ■ ■ ■

absorb [əbsɔ́:rb/əbzɔ́:rb]

動 吸収する・夢中にさせる

「吸収する」→「(人の心を) 吸い込む」→「夢中にさせる」／be absorbed in ～「～に夢中だ」という形が重要。

209 ■ ■ ■ ■ ■ ■

sake [séɪk/sá:ki]

名 目的・酒

for one's sake「人のために」という熟語／そのまま読んで「日本酒」の意味もあるので (発音は「サキィ」)「酒のために」と覚えてしまうのもアリ。

210 ■ ■ ■ ■ ■ ■

specific [spəsífɪk]

形 特定の・具体的な

「スペシャル (special) にピンポイントで特定すると」というイメージで覚えよう／specific examples「具体例」は九州大・関西大・愛知大で出た。

211

demonstrate
[démənstrèit]

demonstration 名実演

動 実演する

「デモンストレーション」と聞くと「大げさなパフォーマンス」を思い浮かべがちだが、本来の意味は「実演する」／店頭での実演販売のイメージ。

212

viewpoint [vjú:pɔ̀int]

名 観点

「観る (view) 点 (point)」／
from the viewpoint of ～「～の観点からすると」という形が重要。

213

encounter [ɪnkáuntər]

動 出くわす 名 出会い

チャットやオンラインゲーム上で「エンカする」は「たまたま出会う」ことで、この encounter からきている。

214

alert [ələ́:rt]

形 警戒して・注意して

スマホの「J アラート」は「全国瞬時警報システム（地震などの緊急情報を伝える）」／単語の勉強でも、Stay alert!「油断するなよ！」という姿勢で。

215

valid [vǽlɪd]

形 有効な・妥当な

「期限内なら価値 (value) がある」→「有効な」／good で置き換えられる (good には「有効な」という意味がある)。

216

charismatic
[kærɪzmǽtɪk]

形 カリスマ的な

「カリスマ」は「大衆を引きつける超人間的な資質」のこと／発音とアクセントに注意。

217

passionate
[pǽʃənət]

passion **名** 感情・情熱

形 情熱的な

「情熱 (passion) がある」→「情熱的な」で、「とにかくアツく熱がこもった」イメージ。

218

exclusive [ɪksklú:sɪv]

形 独占的な

「外に (ex) 締め出す (clus=close) ような (ive)」→「排他的な・独占的な」／have an exclusive interview with 〜「〜との独占インタビューをする」

219

exclusively
[ɪksklú:sɪvli]

副 〜だけ

従来は「排他的に・もっぱら」とばかり訳されるが、exclusively＝only と考えたほうが実用的。

220

child raising
[tʃáɪld réɪzɪŋ]

名 子育て

「子ども (child) を育てること (raising)」→「子育て」／多義語 raise は「上げる」→「子どもの年を上げる」→「育てる」という意味がある。

ZONE 2

221

outstanding
[àutstǽndɪŋ]

形目立った・優れた

「頭1つ外に (out) 立つ (standing)」→「目立つ」→「(良い意味で目立つほど) 優れた」／outstanding beauty「ひときわ目立つ美しさ」

222

prospective
[prəspéktɪv]

prospect 名見込み

形見込みのある

prospective customers「見込み客・潜在顧客」(将来、買ってくれるかもしれない人達のこと)／prospective customers=potential customers と考えて OK (potential は 238 番)

223

reference
[réfərəns]

refer 動言及する・参照する

名言及・参照・参考資料・照会先

「意識がピッと向いたもの」のイメージ／言葉が向けば「言及」、もっと知りたいという意識が向けば「参照」、身元に向けば「照会先」

224

yield [jíːld]

動与える・産出する・降伏する
名産出

本来「与える」で、「土地が資源を与える」→「産出する」、「勝利を相手に与える」→「降伏する」／yield to ～「～に降伏する」

225

complaint [kəmpléɪnt]

名苦情

日本語の「クレーム(苦情)」に相当するのが、この complaint／many complaints about ～「～に関するたくさんの苦情」

226

decline [dɪkláɪn]

動 傾く・下落する・断る
名 衰退・下落

「マイナス方向へ (de) 傾く (cline)」→「下落する・拒否する」/「下に向ける」イメージ/decline the offer「申し出を断る」

227

deliberate
形[dɪlíbərət] 動[dɪlíbərèit]

形 よく考えた・慎重な・故意の
動 よく考える

どの意味も「よく考えた」が土台にある/「よく考えて、わざと慎重にやる」イメージ。

228

deliberately
[dɪlíbərətli]

副 慎重に・故意に

「よく考えて」→「慎重に・故意に」だが、「故意に」の意味でよく出てくる/He did it deliberately.「彼はわざとそうした」

229

vague [véɪg]

形 漠然とした

clear の反対/give a vague response「曖昧な返事をする」

230

prediction [prɪdíkʃən]

predict 動 予言する

名 予言

「前に (pre) 言う (dict)」/make a prediction「予想する」

ZONE 2

① / ② / ③ / ④ / ⑤ / ⑥ /

---

231 ■■■■■■

discipline
[dísəplən]

名しつけ・訓練・学問
動罰する・訓練する

本来「弟子を教えること」→「しつけ・訓練・学問」／「厳しくビシッと教え込む」イメージ。

---

232 ■■■■■■

exert [ɪgzə́:rt] 注🔥

動(力を)使う・(影響を)及ぼす

「フルパワーで使い切る」イメージで、まさにこの本のイメージ通りの単語／exert oneself「自分の力を使いたおす」→「努力する」

---

233 ■■■■■■

identity [aɪdéntəti]

名アイデンティティー・自分らしさ・正体

identify 動確認する・同一視する

よく「自己同一性」と訳されるが、ちょっと何言ってるかわからない／「自分らしさ・正体」という訳語が便利。

---

234 ■■■■■■

keen [kí:n]

形鋭い・敏感な・強烈な・熱心な

いろんな訳語があるが、どれも「キレッキレ！」のイメージ／be keen on ～「～に熱心な」（ある物事に対して意識がキレッキレになる感じ）／be keen to ～「～したがっている」

---

235 ■■■■■■

launch [lɔ́:ntʃ/lɑ́:ntʃ] 注🔥

動発射する・(事業を)始める

本来「ロケットを打ち上げる」→「(ビジネスで別業界にロケットを打ち込むように)新製品を出す」→「(新事業を)開始する」

84

TRACK24 [231-240]

236

myth [míθ]

名 迷信・作り話

昔から「神話」の訳語ばかり強調されるが、実際には「(間違った) 社会通念・迷信・作り話」のほうが圧倒的に出る。

237

naive [na:íːv]

形 世間知らずな

naively 副 単純に

日本語「ナイーブ」はプラスイメージかもしれないが、英語のナイーブは悪口をイメージしよう/ちなみに本来のフランス語つづりで naïve と表記されることも多い。

238

potential
[pəténʃəl]

形 潜在的な・もしかしたら
名 可能性

potentially 副 潜在的に・もしかすると

形容詞「もしかしたら○○」が大事/a potential danger「もしかしたら危険なもの」→「潜在的な危険性」は長崎大で出題。

239

property
[prá:pərti]

名 所有物 (財産・不動産)・性質

核心「自分のモノ」→「所有物・財産・不動産」、「体内にある自分のモノ」→「性質」/パソコンで「ファイルのプロパティ」は「ファイルの性質 (設定内容)」

240

reasonable
[ríːznəbl]

形 理に適った・(値段が) 手頃な

「道理 (reason) に適うことができる (able)」→「理に適った」→「(値段が理に適って) 手頃な」

241

fur [fə́:r]

名 毛皮・毛

「フェイクファー (fake fur)」は「(本物ではない) 偽の毛皮」でファッション業界で使われる (最近は動物保護の話でも出てくる) ／cat's soft fur「猫の柔らかい毛」

242

spoil [spɔ́il]

動 甘やかす・台無しにする

「甘やかしてダメにする」と覚えよう。

243

primarily [praɪmérəli]

primary 形 最初の・主要な
prime 形 最も重要な

副 最初に・主に

「最初の (primary) 項目にくる」→「第一に・最初に・主に」／primarily ≒ mainly「主に」

244

appreciate [əprí:ʃièit]

appreciation 名 正しい理解・正しい評価・鑑賞・感謝

動 正しく理解する・評価する・鑑賞する・感謝する

「値段 (preciate=price) をつけられるほど価値がわかる」→「理解する・評価する・鑑賞する」、「人の行為を評価する=感謝する」

245

suspicious [səspíʃəs]

suspect 動 疑う

形 疑って

「見た目が怪しいもの」によく使う／if you find a suspicious object on the train「電車内で不審なものを見つけたら」(車内アナウンスで使われる表現)

246

bound [báund]

形 ～行きの・必ず～する

動詞 bind「縛る」の変化は bind–bound–bound／be bound for ～「～へ向けて縛りつけられている」(for は「方向性」)→「～行き」と考えよう (明治大で出題)。

247

cast [kǽst]

動 投げる・役を割り当てる 名 配役

「ニュースキャスター (newscaster)」は「世間にニュースを投げかける人」、「芝居のキャスティング (casting)」は「俳優に役を投げかける」

248

publication
[pʌ̀bləkéiʃən]

publish 動 出版する

名 公表・出版

「公表・出版 (publish) された状態」/「出版」の意味で有名だが、本来は「public (公) にする」で、「公表」の意味も忘れずに。

249

sort [sɔ́:rt]

名 種類 動 分類する

「種類別に分類する」と覚えよう／a sort of ～=a kind of ～「一種の～」

250

coincidence
[kouínsədəns]

coincide 動 同時に起こる

名 偶然の一致

「共に (co) 起こる (incide=incident「事件」) こと」→「同時に起こること」→「偶然の一致」／What a coincidence!「何て偶然!」

251

strike [stráɪk]

動打つ・襲う・印象を与える・（考えが）浮かぶ

核心は「打つ」／「（災害がある地域を）打つ」→「襲う」、「心を打つ」→「印象を与える」、「考えが頭脳を打つ」→「浮かぶ」

252

arrangement [əréɪndʒmənt]

arrange 動きちんと並べる・取り決める

名整理・準備・手配

動詞 arrange は本来「きちんと並べる・整える」で、その名詞形／「整理して色々進めたこと」→「整理・準備・手配」

253

sentence [séntns]

名文・判決 動判決を下す

「このセンテンスが」と言えば「文」のこと／「裁判で下される文」→「判決」／a complicated sentence「複雑な文」

254

recyclable [ri:sáɪkləbl]

形再利用可能な
名リサイクル可能な物

「リサイクル（recycle）されることができる（able）」→「再利用可能な」／複数形 recyclables は「リサイクル可能な物」

255

priceless [práɪsləs]

形とても貴重な

「値段（price）がつけられない（less）ほど貴重な」

88

256

invaluable
[ɪnvǽljuəbl]

valuable 形 貴重な

形 とても貴重な

「価値 (value) がつけられない (否定の in)」
→「値段がつけられないほど貴重な」/
priceless「値段がつけられないほど貴重な」
と同じ発想。

257

countryside
[kʌ́ntrisaɪd]

名 田舎

country には「国」以外に「田舎」という意
味もある/「都会に対する田舎 (country) の
側 (side)」→「田舎」

258

fairly [féərli]

fair 形 公平な

副 公平に・かなり・まあまあ

本来の「フェアな・公平な」は簡単なので
置いといて、「曖昧な強調」となるのがポイン
ト (「かなり」から「まあまあ・そこそこ」) /
fairly new「まあまあ新しい」

259

objection [əbʤékʃən]

object 名 物・目標・目的語
　　　 動 反対する

名 反対

「反対に (ob) 投げる (ject) こと」/have no
objection to ～「～に対して異議はない」

260

partly [pá:rtli]

part 名 一部分

副 部分的に

「部分 (part) 的に」/partly because ～「一
部には～だから」(いくつかある理由のうちの
1つを示す)

261

relation [rɪléɪʃən]

relate 動 関係づける
relationship 名 関係

名 関係・親族

「関係」→「血縁関係のある人」→「親族」／relationship「関係」もほぼ同じ意味・使い方。

262

section [sékʃən]

名 区域・(会社の)部・課

「区切られた場所」→「区域・部分」、「会社の区切られたところ」→「部・課」／教科書内の区切られた「課」の意味で section はよく使われる。

263

shortly [ʃɔ́:rtli]

short 形 短い 副 簡潔に

副 すぐに

「ある行動が今からみて短い (short) 時間で起きる」→「すぐに」／come back shortly「すぐに戻る」／ shortly after ～「～の直後に」

264

aloud [əláud]

副 声を出して

aloud ⇔ silently「声に出さずに」(スイッチのオン・オフの感覚)／loudly「大声で」⇔ low「小声で」(音量の大・小の感覚)

265

apparently [əpǽrəntli]

apparent 形 明らかな

副 (見たところ) ～のようだ

受験生の間では「明らかに」という意味で広まっているが、「見たところ～らしい・どうやら～らしい・～ようだ」といった意味でよく使われる。

266 ◼◼◼◼◼◼

dependent
[dɪpéndənt]

depend 動 依存する・頼る
dependance 名 頼ること
dependable 形 頼りになる

形 依存している

be dependent on A for B「A に B を頼っている」の形が重要（on は「依存（〜に頼って）」、for は「目的（〜を求めて）」）。

267 ◼◼◼◼◼◼

enjoyable [ɪndʒɔ́ɪəbl]

形 楽しい

able は「可能・受動」を含意するので厳密には「楽しまれることができる」／I am enjoyable. だと「私が楽しまれる」となり変／an enjoyable evening「楽しい夜」

268 ◼◼◼◼◼◼

memorize [méməràɪz]

memory 名 記憶

動 記憶する

「記憶（memory）にする（ize）」→「記憶する・暗記する」

269 ◼◼◼◼◼◼

organization
[ɔ̀ːrgənəzéɪʃən]

organize 動 組織する・整理する

名 組織

組織の名前でよく使われ、WHO は World Health Organization「世界保健機関」

270 ◼◼◼◼◼◼

appreciation
[əprìːʃiéɪʃən]

appreciate 動 正しく理解する・評価する・鑑賞する・感謝する

名 正しい理解・正しい評価・鑑賞・感謝

a token of my appreciation for your help「あなたの協力に対する感謝のしるし」といった形で使われる。

271

cave [kéiv]

名 洞窟

日常会話としては、日本の名所紹介として
鍾乳洞に cave を使える。

272

speculate [spékjəlèit]

動 推測する・投機する

核心は「よく見て観察する」→「推測する・
あれこれ考える」、「(推測してあれこれ考えて)
投機する」

273

conservation
[kà:nsərvéiʃən]

conserve 動 保存する
conservative 形 保守的な

名 (環境の) 保護・(文化遺産など
の) 保存

「一緒に (con) 保つ (serve) こと」→「保存」
／ conversation「会話」と勘違いする受験
生がものすごく多い。

274

formulate [fɔ́:rmjəlèit]

formula 名 公式

動 公式化する・明確に述べる

「公式 (formula) にする (ate)」→「公式化す
る」→「(公式を語るように) 明確に述べる」

275

hardship [há:rdʃip]

名 苦難

「大変な (hard) 状態 (ship)」→「苦難」／
endure hardship「苦難に耐える」

276 ■■■■■■

permission [pərmíʃən]

permit 動 許可する 名 許可証

名 許可

ask for permission「許可を求める」、give permission「許可を与える」、get permission「許可を得る」という一連の流れで覚えよう。

277 ■■■■■■

storage [stɔ́ːrɪdʒ]

store 名 店・蓄え 動 蓄える

名 保管

パソコンのハードディスクなどを「ストレージ」と言う／Your iCloud storage is almost full.「iCloud の容量がもう少しでいっぱいになりますよ」

278 ■■■■■■

assume [əs(j)úːm]

動 思う・引き受ける・(態度を)とる

核心は「取り入れる」／「考えを取り入れる」→「思う」、「責任を取り入れる」→「引き受ける」、「態度を取り入れる」→「態度をとる」

279 ■■■■■■

temporarily
[tèmpərérəli]

temporary 形 一時的な

副 一時的に

「テンポが良い」で使われる tempo／「あるテンポ (tempo) の間に」→「一時的に」／be temporarily closed「(店などが) 一時的に閉鎖されている」

280 ■■■■■■

troublesome
[trʌ́blsəm]

trouble 名 迷惑・困難

形 面倒な

「trouble をかける、マジでメンドくさい」イメージ／troublesome weeds in the garden「庭のやっかいな雑草」

281 ■ ■ ■ ■ ■ ■

ultraviolet rays
[ʌ̀ltrəváiələt reɪz]

ray 名 光線

名 紫外線

紫外線を防ぐ「UVカット」のUVは ultraviolet（1つの単語の中からuとvを拾ったもの）／ray「光線」はBlu-ray Discで使われている。

282 ■ ■ ■ ■ ■ ■

automatically
[ɔ̀:təmǽtɪkəli]

automatic 形 自動の

副 自動で

このご時世、いろんなものが自動化されているだけに、実は重要な単語／The entrance locks automatically.「玄関は自動で鍵がかかる」

283 ■ ■ ■ ■ ■ ■

badly [bǽdli]

副 下手に・ひどく

マイナスの「下手に」よりも、単なる強調「ひどく・とても」のほうが重要／be badly wounded「ひどく負傷している」

284 ■ ■ ■ ■ ■ ■

endlessly [éndləsli]

endless 形 終わりのない

副 果てしなく

意味は「エンドレスに」で問題ないが、英作文や会話で使えるようにすると便利な単語／complain endlessly「延々と愚痴をこぼす」

285 ■ ■ ■ ■ ■ ■

fitness [fítnəs]

fit 動 適する

名 健康・適合

「適合」の意味は、動詞fit「フィットする・適する」から派生しただけ／「フィットネスクラブ（fitness club）」は「（健康のための）スポーツクラブ」のこと。

🔊 TRACK29 [281-290]

286

initially [ɪníʃəli]

initial 形 最初の

副 最初は

形容詞 initial「最初の」(「イニシャル」は「最初の文字」)から、意味は問題ないが、initially を見たら「後になって変わる」ことを予想するのが長文で大事。

287

negotiation [nəgòuʃiéɪʃən]

negotiate 動 交渉する
negotiator 名 交渉人

名 交渉

日本の社会人が「交渉」を「ネゴシエーション」や「ネゴる」と言うことがある。

288

nonprofit
[nàːnpráːfət]

形 非営利的な

「非(否定の non)営利(profit「利益」)的な」/NPO は、nonprofit organization「非営利団体」の略称。

289

organic [ɔːrgǽnɪk]

形 有機の

「オーガニック野菜」は「農薬や化学肥料を使わないで栽培された野菜」/grow organic vegetables「有機栽培の野菜を育てる」

290

precisely [prɪsáɪsli]

precise 形 正確な

副 正確に

「事前に(pre)スパッと切る(cise)」→「正確に」というイメージ/measure the distance precisely「正確にその距離を測る」

291 ■ ■ ■ ■ ■ ■

rainforest
[réɪnfɔ̀ːrəst]

名熱帯雨林

「雨 (rain) がよく降る森林 (forest)」→「熱帯雨林」/tropical rainforest という言い方も OK

292 ■ ■ ■ ■ ■ ■

confession [kənféʃən]

名自白・告白

Kokuhaku means "love confession."「告白は『愛を告げること』を意味します」

confess 動告白する

293 ■ ■ ■ ■ ■ ■

religious [rɪlídʒəs]

形宗教の・信心深い

「宗教 (religion) に関する」という意味と、「宗教に熱心な」→「信心深い」という 2 つの意味をチェック。

religion 名宗教

294 ■ ■ ■ ■ ■ ■

dedicated [dédəkèɪtɪd]

形献身的な

dedicate「捧げる」の過去分詞で「(自分が何かの対象に) 捧げられた」→「献身的な」/be dedicated to ～「～に尽力する」

dedicate 動捧げる

295 ■ ■ ■ ■ ■ ■

short-term
[ʃɔ́ːrttə́ːrm]

形短期の

「短い (short) 期間 (term) の」→「短期間の」(反対は long-term「長期間の」) /君たちの a short-term goal「短期目標」は 1 か月 1000 語習得!

296

addition [ədíʃən]

add 動 付け加える
additional 形 追加の

名 付け加えること

in addition「加えて」／in addition to ～
「～に加えて」

297

ignorant [ígnərənt]

ignore 動 無視する
ignorance 名 無知

形 無知な

make an ignorant remark「無知なコメント
をする」／be ignorant of ～「～に関して
無知な・～を知らない」

298

implant [ɪmplǽnt]

動 植えつける

「中に (im) 植える (plant)」→「植えつける」
／implant an artificial heart「人工心臓を
移植する」

299

properly [prάːpərli]

proper 形 適切な

副 適切に

「きっちりと」というイメージ／形容詞
proper「適切な」の延長で「適切に」と考え
れば OK だが、「正しく・正常に」の訳語で
も OK

300

marvel [mάːrvl]

marvelous 形 驚くべき

動 驚く

感情動詞は surprise「驚かせる」のような
「～させる」が原則だが、marvel は例外的
に「～する」という自動詞／marvel at ～「～
に驚く（驚嘆するイメージ）」

ZONE **2**

301 ■■■■■■

interact [ìntərǽkt]

動 相互に作用する・交流する

「人と人の間で (inter) 作用する (act)」→「相互に作用する・交流する」

302 ■■■■■■

interaction
[ìntərǽkʃən]

interactive 形 双方向の

名 交流・相互作用

「相互に (inter) 作用 (action) すること」→「相互作用」／interaction between humans and animals「人間と動物とのやりとり」

303 ■■■■■■

profitable [prá:fətəbl]

profit 名 利益

形 有益な

「前へ (pro) フィットする (fit) ような」→「プラスに働くような」→「ためになる・有益な」と考えよう。

304 ■■■■■■

complement
動[ká:mpləmènt] 名[ká:mpləmənt]

動 補足する 名 補足 (物)

complete「コンプリートする・完全にする」から、「(完全にするために) 補足する」と考えよう。

305 ■■■■■■

compliment
[ká:mpləmənt]

complimentary 形 無料の

名 ほめ言葉

complement「補足」とそっくりだが、「ほめ言葉 (compliment) には愛 (i) が必要」

98

306

delegate [déligət]

delegation 名代表団

名代表・使節

本当は「分離して (de) 送る (legate)」→「送り出される人」→「代表」だが、「delivery (配達) される人」→「代表」とこじつけるのがラクかと。

307

findings [fáindɪŋz]

find 動発見する

名発見・見つけたこと

「見つける (find) こと」／英語論文では findings が見出しで使われる。

308

integral [íntɪgrəl]

形不可欠な

本来「完全なもの」→「不可欠な」／「積分」の意味もあるので、数学が好きなら「積分は integral だ (不可欠だ)」という覚え方で。

309

skilled [skíld]

skill 名技術 動技術をたたき込む

形腕のよい

skill は名詞「技術」以外に、動詞「技術をたたき込む」という意味があり、過去分詞形 skilled「技術をたたき込まれた」→「腕のよい」となる。

310

supplies [səpláɪz]

名備品

備品は色々あるので複数形 (supplies) で使われる／office supplies「事務用品」などを知っておかないとリスニングで surprise「驚かす」と勘違いするので注意。

311

saving [séɪvɪŋ]

save 動 救う・節約する・預金する

名 救助・節約・預金

動詞 save は「ひょいと取り上げて安全な (safe) 場所に置く」イメージ／save に色々な意味があるが、特に複数形で使われる savings は「預金」をチェックしておこう。

312

overview [óuvərvjù:]

名 概要・要旨 動 概観する

「上から覆うように (over) 見る (view)」→「概要・要旨」／講義・プレゼンの英文で出てくる。

313

endeavor [ɪndévər]

名 努力 動 努力する

以前はスペースシャトルの名前に「エンデバー (Endeavour)」とつけられた／スポーツのチーム名で見かけることも。

314

nationwide
[nèɪʃənwáɪd]

副 全国的に 形 全国的な

「国家レベルで (nation) 幅広く (wide)」→「全国的に・全国規模の」／ニュースでよく聞く単語。

315

remodel [rì:má:dl]

動 改装する

「再び (re) 作る (model)」→「改装する・改築する」

316

intend [ɪnténd]

intentional 形 意図的な
intentionally 副 故意に

動 意図する

バスケでの「インテンショナル (intentional) ファウル」は「意図的な (わざとする) ファウル」で、その動詞形が intend/intend to ～「～するつもりだ」

317

intention [ɪnténʃən]

名 意図

intention to 原形 [of -ing]「～する意図」／He had no intention of returning the money.「アイツは金を返す気がなかった」

318

unwilling [ʌnwílɪŋ]

形 したがらない

willing「～するつもり」に否定の un がついた形／be unwilling to ～「～したがらない」

319

wicked [wíkɪd]

形 悪い・意地悪な

ゲーム・小説・アニメキャラでよく使われる単語なので、君たちの印象に残る悪役・悪者を思い浮かべて、wicked と結び付けよう。

320

wound [wúːnd]

動 負傷させる 名 ケガ

ニュアンスなど細かいことばかり説明されがちだが、「負傷した」ではなく「負傷させる」(be wounded「負傷させられる」→「負傷した・ケガした」) だけで入試は十分!

321 ■■■■■■

profession [prəféʃən]

professional 名 専門職の・プロ
　　　　　　フェッショナルの
professionalism 名 プロ意識

名 職業・専門職

形容詞 professional「プロフェッショナルの」から「プロとしての仕事・職業」と考えればOK／特に専門知識や資格が必要な仕事を指す。

322 ■■■■■■

accompany
[əkámpəni]

動 付き添う・伴う

「仲間 (company) と一緒に行く」→「付き添う・伴う」／ "サブ accompany メイン" の形で覚えよう。

323 ■■■■■■

astonish [əstá:nɪʃ]

astonishment 名 驚き
astonishing 形 驚くばかりの・目ざましい
astonished 形 ひどく驚いた

動 驚かせる

「まさか!」「マジか!」と驚かせるイメージ（ちなみに amaze だと「すげえ!」と良い意味で驚かせる）／an astonishing scandal「驚くべきスキャンダル」

324 ■■■■■■

compose [kəmpóuz]

動 組み立てる・構成する

「一緒に (com) 置く (pose)」→「組み立てる・構成する」／be composed of ～「～から構成されている」

325 ■■■■■■

consist [kənsíst]

動 成り立つ・ある

「共に (con) 立つ (sist=stand)」→「一緒になって１つのものを構成する」／consist of ～「～で構成されている」(= be composed of ～)

TRACK33 [321-330]

326

fascinate
[fǽsənèit]

動 魅了する

本来「魔法にかける」で、相手を「魅了する・虜にする」イメージ／fascinate scholars「学者を夢中にさせる」は上智大で出題。

327

setting [séting]

名 環境・設定

「舞台セット」のイメージで、それが自然のものなら「背景・環境」、人工的なものなら「設定」

328

struggle [strʌ́gl]

動 もがく・努力する
名 もがき・努力

struggle to ～「もがきながら～しようとする」／君たちも、struggle to keep up「もがきながら遅れまいとする」ように!

329

puzzle [pʌ́zl]

puzzling 形 困惑させる
puzzled 形 困惑した

動 困らせる

「パズル」は、実は「困らせるゲーム」／be puzzled about ～「～に困る」

330

seek [síːk]

動 追い求める

聖書の「求めよ、さらば与えられん」は、Seek, and you shall find.／seek advice from a friend「友達にアドバイスを求める」／seek to ～「～しようと努める」

---

331 ⬛⬛⬛⬛⬛⬛⬛

prone [próun]

形 傾向がある

本来「前に (pro) 傾く」→「傾向がある」／
be prone to ～「～する傾向がある」(この to
の後には動詞の原形も名詞も OK)

---

332 ⬛⬛⬛⬛⬛⬛⬛

apt [æpt]

形 傾向がある

be apt to ～「～する傾向がある」(be apt to
forget ～「～を忘れがち」がよく使われる)

---

333 ⬛⬛⬛⬛⬛⬛⬛

impressive
[ɪmprésɪv]

impress 動 印象を与える
impression 名 印象

形 印象的な・感動的な

「心の中に (im) 押し付ける (press) ような」
→「心に深く残るほど印象を与えるような」
→「印象的な・感動的な」

---

334 ⬛⬛⬛⬛⬛⬛⬛

resist [rɪzíst]

resistance 名 抵抗

動 抵抗する

「反対に (re) 立つ (sist=stand)」→「抵抗する」
／resist the temptation「誘惑に抵抗する
(打ち勝とうとする)」

---

335 ⬛⬛⬛⬛⬛⬛⬛

arms [á:rmz]

名 武器・火器

arm「腕」の複数形だが、「腕」→「腕力」→
「武器」という流れ (「武器」の場合、必ず複数
形なので、この形のまま覚えよう)。

336

remainder
[rɪméɪndər]

remain 動 残っている・〜のままだ

名 残り

7 ÷ 3 の「2 あまり 1」を英語では 2R1 と書く（R は remainder のこと）／発音のミスに注意（「リメインダー」なので気をつけよう）。

337

commitment
[kəmítmənt]

commit 動 委ねる

名 献身・約束・責任

「全身全霊を委ねる（commit）こと」→「身を捧げること（献身）」→「身を捧げて成し遂げるもの」→「約束・責任」

338

dense [déns]

形 密集した・（霧が）濃い

「ギュッと詰まった」イメージ／イチゴにかける「コンデンスミルク（condensed milk）」から、dense は「濃い」と連想しよう。

339

drastic [drǽstɪk]

drastically 副 思い切って

形 思い切った

「振り幅が大きい」イメージ／take drastic measures「思い切った策をとる」／a drastic change「とても大きな変化」

340

elaborate
形[ɪlǽbərət] 動[ɪlǽbərèɪt]

形 凝った 動 詳しく説明する

「労働（labor）を込める」→「苦労して作る」→「詳しく説明する」／形容詞は「苦労して作られた」→「入念な・凝った」

105

341

interior [ɪntíəriər]

形 室内の・内部の 名 内部

「インテリア」は「室内に飾るもの」

342

exterior [ɪkstíəriər]

形 外部の 名 外部

「インテリア (interior)」の反対で、日本の
ホームセンターで門扉や庭の飾りなど「家
の外側を飾るもの」を「エクステリア」と表
示している。

343

extinct [ɪkstíŋkt]

extinguish 動 消える
extinction 名 絶滅・消滅

形 絶滅した・(火が) 消えた

extinguish「消える」と関連があり、「この
世から消された」→「絶滅した」／go
extinct「絶滅する」、an extinct species「絶
滅種」

344

grand [grǽnd]

形 豪華な

「グランドオープン」でおなじみ／「豪華・
雄大・壮大」なイメージ。

345

parallel [pǽrəlèl]

形 平行の・似ている 名 平行
線・対応 (匹敵) するもの

SF小説の「パラレルワールド」は「もとの世
界から分かれ、それに平行するかのごとく
存在する別世界」／parallel lines「平行線」

346

refund
動[rɪfʌ́nd] 名[ríːfʌ̀nd]

refundable 形 払い戻しできる

動 払い戻す 名 払い戻し（金）

「再び（re）お金を払う（fund）」→「払い戻す・払い戻し金」／スポーツ観戦・コンサートなどが中止になった話で出てくる単語。

347

regain [rɪɡéɪn]

動 取り戻す

栄養ドリンク「リゲイン」は「体力を再び（re）得る（gain）」という意味。

348

swear [swéər]

動 誓う・断言する

「強く言う」イメージ／「誓う・断言する」の場合は「ホントだって！」という感じ／I swear I saw an alien!「ホントに宇宙人を見たんだって！」

349

tempt [témpt]

temptation 名 誘惑

動 引きつける・（人を）～する気にさせる

tempt 人 to ～「人を誘惑して～する気にさせる」の受動態 be tempted to ～「～したい誘惑に駆られる」の形が重要。

350

toxic [táːksɪk]

形 有毒な 名 有害物質（toxics）

toxic chemical「有毒化学物質」／poisonous と同じ意味と考えるのもアリ（こちらは poison「毒」から類推できる）。

351 ▪▪▪▪▪▪

veil [véil]

名 覆い隠すもの **動** 覆い隠す

花嫁のウエディングドレスで使われる「ベール (a bridal veil)」から、「ベールに包まれた」のように「隠すもの」となった。

352 ▪▪▪▪▪▪

unveil [ʌnvéil]

動 公開する

「ベール (veil) で覆うの反対 (un)」→「ベールに包まれたもののベールを取って公開する」／新商品の発表・初公開のときによく使われる。

353 ▪▪▪▪▪▪

vaccinate
[vǽksənèit]

vaccine **名** ワクチン

動 ～にワクチン接種をする

vaccinate 人 against 病気「人 に 病気 の予防接種をする」／get vaccinated「ワクチン接種を受ける」も頻出。

354 ▪▪▪▪▪▪

tolerable [tá:lərəbl]

形 許容できる・悪くない

「耐え (tolerate) られることができる (able)」→「耐えられる・許容できる」→「悪くない」→「良い」とまで変化していった単語。

355 ▪▪▪▪▪▪

sway [swéi]

動 揺れる **名** 揺れ

「風に吹かれてスッと揺れる」イメージ／格闘技で「スウェー」といえば「体をスッと揺らすように相手のパンチをよける動き」

356

seal [síːl]

動 封をする・調印する
名 印鑑・封印

「シールを貼って封をする」→「調印する」
/ seal a deal「契約を結ぶ・調印する」

357

outline [áutlàin]

動 輪郭を描く・概要を述べる
名 輪郭・概要

「外側の (out) 線 (line)」→「輪郭」→「物事
の輪郭を描く」→「概要を述べる」/「概要」
は summary と同じ意味。

358

description
[dɪskrípʃən]

describe 動 描く・説明する

名 説明

なぜか「描写」とばかり訳される単語だが、
「何かを説明したもの」で「記述・描写・説
明」、特に「説明」が便利。

359

biodiversity
[bàɪoʊdaɪvə́ːrsəti]

名 生物多様性

「命・生物 (bio) の多様性 (diversity)」で、「生
態系において生物が多様なこと」

360

coming [kʌ́mɪŋ]

形 来たるべき

進行形で「今やってきつつある」→「来たる
べき・次の」/ CM などの Coming soon!「近
日公開!」から覚えるのもアリ。

361

rating [réɪtɪŋ]

rate 名 割合・比率・料金
　　 動 評価する

名 評価

「評価する・レートをつける (rate) こと」→「評価」／ネットの口コミなど、今や欠かせない単語／receive top ratings「最高評価を獲得する」

362

spin [spín]

動 回転する　名 回転

本来「糸車がクルクルまわる」イメージ／フィギュアスケートで「回転」を「スピン」と使われる。

363

pandemic
[pændémɪk]

名 (世界的)流行病　形 流行の

epidemic「(ある地域の) 伝染病」が世界に広まると pandemic (代表は COVID-19「新型コロナウイルス」)

364

application
[æplɪkéɪʃən]

apply 動 申し込む・当てはまる
applicant 名 応募者

名 申し込み・適用

以前の入試は「適用」の意味が大事だったが、今では共通テストなどで「申し込み」が大事／fill out the application form「申し込み用紙に記入する」

365

autobiography
[ɔ̀:təbaɪá:grəfi]

名 自伝

偉人の紹介などで出てくる単語／The Autobiography of Benjamin Franklin「フランクリン自伝」

366

autograph
[ɔ́:təgræf]

名(有名人の)サイン

「自分で (auto) 書いたもの (graph)」(ちなみに photograph「映像で書いたもの」→「写真」、telegraph「遠くへ書いたもの」→「電報」)

367

capability [kèɪpəbíləti]

名能力・可能性

be capable of ～「～できる」とセットで覚えよう ／「Twitter は information-gathering capabilities (情報収集能力) がある」という内容が中央大で出た。

capable **形** する能力がある

368

closure [klóuʒər]

名(工場・学校などの)閉鎖

school closures due to COVID-19「新型コロナによる学校閉鎖」(due to ～「～が原因で」)

369

quest [kwést]

名探求

question「質問」と関連があり、「質問する」→「求める・探求する」／『ドラゴンクエスト』は「冒険の旅での探求」という意味が含まれていると思う。

370

conquest [ká:nkwest]

名征服

「強く (con) 探し回る (quest)」→「探して相手を倒す」→「征服」と考えよう。

conquer **動** 征服する・克服する

371

cooperative
[kouá:pərətıv]

cooperate 動 協力する
cooperation 名 協力

形 協力的な

「一緒に (co) 働く (operate) ような」／
『CO・OP (コープ)』と表示される『生協
(生活協同組合)』は英語で consumers'
co-operative

372

costly [kɔ́:stli]

cost 名 費用

形 高価な・犠牲の大きな

名詞 cost「費用」+ ly → 形容詞 costly「高
価な (expensive)」／ly で終わる単語は副詞
が多いが、「名詞 +ly は形容詞」が原則。

373

representative
[rèprızéntətıv]

represent 動 代表する

名 代表者・典型
形 代表する・典型的な

「代表する (represent) 人」→「(代表と言え
る) 典型」／a representative from Meiji
Gakuin University「明治学院大の代表者」

374

multinational
[mʌltinǽʃənl]

形 多国籍の　名 多国籍企業

「多数の (multi) 国からなる (national)」→「多
国籍の」／「多国籍企業」という意味でも使
われる。

375

diverse [dəvə́:rs/daıvə́:rs]

diversity 名 多様性

形 異なった・多様な

「さまざまに異なった」→「多種多様な」／
発音は「ディヴァース」でも「ダイヴァース」
でも OK

376 ■ ■ ■ ■ ■ ■

duplicate
形[d(j)úːplɪkət] 動[d(j)úːplɪkèɪt]

duplication 名 写し

形複写の 動複写する

「2つ (du) に重ねる (plicate)」→「複写する」
→「複写の」／応募の申し込み用紙の説明
などに使われる。

377 ■ ■ ■ ■ ■ ■

essence [ésns]

essential 形 本質的な・重要な

名本質

「エッセンス」は「中心となる本質的なもの」
／the essence of a good marriage「良い結
婚の本質」

378 ■ ■ ■ ■ ■ ■

nonsense [náːnsens]

名ばかげた考え

「無 (non) 意味 (sense)」→「意味がない」
→「ばかげた考え」／believe his nonsense
「彼のばかげた話を信じる」

379 ■ ■ ■ ■ ■ ■

facilitate
[fəsílətèɪt]

facilitator 名 まとめ役

動容易にする・進行する

本来「容易にする」→「イベントを容易にす
る」→「手伝う・進行する」／日本でも「イ
ベント進行役」を「ファシリテーター
(facilitator)」と呼ぶことが増えている。

380 ■ ■ ■ ■ ■ ■

respectively
[rɪspéktɪvli]

respective 形 それぞれの

副それぞれ

respect には「尊敬」以外に「点」という重
要な意味があり、「点」→「それぞれ (の点に
おいて)」

---

381 ■ ■ ■ ■ ■ ■

forum [fɔ́:rəm]

名公開討論会

公開討論のイベントで「○○フォーラム」とよく使われる。

---

382 ■ ■ ■ ■ ■ ■

inject [ɪndʒékt]

injection 名注射

動注射する

「中に (in) 投げ込む (ject)」→「注入する・注射する」

---

383 ■ ■ ■ ■ ■ ■

ironically [aɪrá:nɪkəli]

ironic 形皮肉な
irony 名皮肉

副皮肉にも

名詞 irony「皮肉」の副詞形だが、長文でこの ironically が出てきたら、意外な内容を説明するだけに内容一致で狙われやすい。

---

384 ■ ■ ■ ■ ■ ■

protective [prətéktɪv]

protect 動守る
protection 名保護

形保護する

受験業界では動詞 protect「保護する」の派生語扱いでないがしろにされるが、たとえば実験の話で wear protective goggles「目を守るゴーグルをつける」が大事。

---

385 ■ ■ ■ ■ ■ ■

livestock
[láɪvstɑ̀:k]

名家畜

「生きていく (live) 上で蓄えて・ストックして (stock) おくもの」→「家畜 (牛・豚など)」

386

massive [mǽsɪv]

mass 名 かたまり・大量

形 巨大な

「塊・マス (mass) の性質をもつ (ive)」→「巨大な・大量の」／mass は「大量」というイメージで、mass communication「マスコミ (大量伝達)」で使われている。

387

discriminate
[dɪskrímənèit]

discrimination 名 差別

動 差別する

「区別・分離する」イメージ／「黒人を差別する」話をよく聞くと思うが、実際にはアジア人への差別も多い (コロナ以降は特に) という現実も知っておこう。

388

nominate
[ná:mənèit]

nomination 名 指名・推薦

動 指名する・推薦する

「名前 (nomin=name) を言う」→「指名する・推薦する」／「ノミネート」は映画の賞など大げさな印象があるが、会社の同僚を「推薦する」にも使える。

389

excel [ɪksél]

excellent 形 優秀な

動 (～よりも) 優れている

excellent「素晴らしい・優れた」の動詞形が excel で、「他よりも優れている」ということ。

390

nutritious [n(j)uːtríʃəs]

nutrition 名 栄養

形 栄養がある

nurse「看護師」と関連があり、「栄養を与えて育てるような」→「栄養がある」

391

comparable
[ká:mpərəbl]

compare 動 比べる

形 似たような

「匹敵する」とばかり訳されるが、「匹敵する」→「(実力などが) 似たような」ということ／comparable の書き換えで equal を選ばせる問題を慶應大が出題。

392

permanently
[pə́:rmənəntli]

permanent 形 永久の

副 永遠に・いつも

「パーマ」は「永久的に髪にクセをつける」という意味／settle permanently in Canada「カナダに永住する」(settle は「住みつく・定住する」)

393

desperate 🏅
[déspərət]

desperately 副 必死になって・ひどく

形 絶望的な・向こう見ずな・欲しくてたまらない

「絶望 (despair) 的な」→「絶望的になってがむしゃらな様子」→「向こう見ずな」→「(無茶な行動をとるほど) 欲しくてたまらない」

394

accommodate 🏅
[əká:mədèɪt]

accommodation 名 宿泊設備

動 収容・宿泊できる

核心は「詰め込む」／「人を詰め込む」→「収容・宿泊できる」、「環境に詰め込む」→「適応させる」、「要求を頭に詰め込む」→「受け入れる」の意味もある。

395

prosper [prá:spər]

prosperity 名 繁栄
prosperous 形 繁栄している

動 栄える

「先行き明るい」といった語源で、「栄える・繁盛する・成功する」などの訳語がある (すべて前向き・順調というイメージ)。

396 ■■■■■■

likelihood [láiklihùd]

名 可能性

「起こりそうな・ありそうな (likely) 状態 (hood)」→「可能性・見込み」

likely 形 ありそうな

397 ■■■■■■

command 🏅
[kəmǽnd]

動 命令する・自由に使う・見渡せる
名 命令・自由に使える力・見晴らし

核心は「上から見下ろす」で、「(上から見下ろし) 命令する」→「(命令できるので) 自由に使える」、「上から見下ろす」→「見渡せる」

398 ■■■■■■

reconstruct
[rì:kənstrʌ́kt]

動 再建する

「再び (re) 建築する (construct)」→「再建する」／余裕があれば、「再建する」→「復興・再構築・再現・再編する」までチェック。

reconstruction 名 再建

399 ■■■■■■

renovation
[rènəvéiʃən]

名 修理・改装

いわゆる「建物のリフォーム」のイメージ／a hotel renovation project「ホテルの修繕計画」

renovate 動 修復する・リフォームする

400 ■■■■■■

familiarize
[fəmíljəràız]

動 慣れさせる・習熟させる

「family のように親しい状態にする」／familiarize 人 with ～「～に関して (with) 人 をなじみがある状態にさせる」→「～に習熟させる・～に詳しくさせる」

familiar 形 よく知っている

次の (1) ～ (5) の単語の意味を、① ～ ⑤ から選びなさい。

1
(1) **religious**　(2) **objection**　(3) **multinational**
(4) **seal**　(5) **confession**

① 封をする・調印する／印鑑・封印　② 多国籍の／多国籍企業　③ 反対
④ 宗教の・信心深い　⑤ 自白・告白

A　(1) ④　(2) ③　(3) ②　(4) ①　(5) ⑤

2
(1) **partial**　(2) **ultraviolet rays**　(3) **essence**
(4) **unwilling**　(5) **exclusively**

① ～だけ　② 部分的な・不公平な　③ したがらない　④ 紫外線　⑤ 本質

A　(1) ②　(2) ④　(3) ⑤　(4) ③　(5) ①

3
(1) **dense**　(2) **supplies**　(3) **findings**　(4) **impressive**
(5) **interact**

① 印象的な・感動的な　② 発見・見つけたこと　③ 密集した・(霧が)濃い　④ 備品
⑤ 相互に作用する・交流する

A　(1) ③　(2) ④　(3) ②　(4) ①　(5) ⑤

4
(1) **cooperative**　(2) **speculate**　(3) **initially**
(4) **nationwide**　(5) **potential**

① 協力的な　② 最初は　③ 推測する・投機する　④ 全国的に／全国的な
⑤ 潜在的な・もしかしたら／可能性

A　(1) ①　(2) ③　(3) ②　(4) ④　(5) ⑤

5
(1) **exert**　(2) **organic**　(3) **livestock**　(4) **drastic**
(5) **pandemic**

① 有機の　② (力を)使う・(影響を)及ぼす　③ 家畜　④ 思い切った
⑤ (世界的)流行病／流行の

A　(1) ②　(2) ①　(3) ③　(4) ④　(5) ⑤

6

(1) **prediction**　(2) **representative**　(3) **envy**
(4) **renovation**　(5) **sake**

① うらやむ　② 代表者・典型／代表する・典型的な　③ 予言　④ 修理・改装
⑤ 目的・酒

A　(1) ③　(2) ②　(3) ①　(4) ④　(5) ⑤

7

(1) **primarily**　(2) **autobiography**　(3) **properly**
(4) **absorb**　(5) **outline**

① 最初に・主に　② 吸収する・夢中にさせる　③ 適切に　④ 自伝
⑤ 輪郭を描く・概要を述べる／輪郭・概要

A　(1) ①　(2) ④　(3) ③　(4) ②　(5) ⑤

8

(1) **overview**　(2) **tolerable**　(3) **nominate**　(4) **massive**
(5) **facilitate**

① 許容できる・悪くない　② 概要・要旨／概観する　③ 巨大な　④ 指名する・推薦する
⑤ 容易にする・進行する

A　(1) ②　(2) ①　(3) ④　(4) ③　(5) ⑤

9

(1) **nonprofit**　(2) **spoil**　(3) **protective**　(4) **resist**
(5) **vague**

① 非営利的な　② 抵抗する　③ 甘やかす・台無しにする　④ 漠然とした　⑤ 保護する

A　(1) ①　(2) ③　(3) ⑤　(4) ②　(5) ④

10

(1) **struggle**　(2) **encounter**　(3) **puzzle**　(4) **dependent**
(5) **section**

① 困らせる　② もがく・努力する／もがき・努力　③ 依存している
④ 出くわす／出会い　⑤ 区域・(会社の)部・課

A　(1) ②　(2) ④　(3) ①　(4) ③　(5) ⑤

次の(1)〜(5)の単語の意味を、① 〜⑤ から選びなさい。

11
(1) **autograph**　(2) **reference**　(3) **profitable**
(4) **endeavor**　(5) **wicked**

① 言及・参照・参考資料・照会先　② (有名人の)サイン　③ 有益な　④ 悪い・意地悪な
⑤ 努力／努力する

········· A　(1) ②　(2) ①　(3) ③　(4) ⑤　(5) ④

12
(1) **countryside**　(2) **demonstrate**　(3) **alert**
(4) **nutritious**　(5) **command**

① 実演する　② 栄養がある　③ 命令する・自由に使う・見渡せる／命令・自由に使える力・
見晴らし　④ 田舎　⑤ 警戒して・注意して

········· A　(1) ④　(2) ①　(3) ⑤　(4) ②　(5) ③

13
(1) **assume**　(2) **relation**　(3) **coincidence**
(4) **compliment**　(5) **excel**

① ほめ言葉　② 偶然の一致　③ 関係・親族　④ 思う・引き受ける・(態度を)とる
⑤ (〜よりも)優れている

········· A　(1) ④　(2) ③　(3) ②　(4) ①　(5) ⑤

14
(1) **publication**　(2) **profession**　(3) **implant**
(4) **interaction**　(5) **swear**

① 公表・出版　② 誓う・断言する　③ 職業・専門職　④ 植えつける　⑤ 交流・相互作用

········· A　(1) ①　(2) ③　(3) ④　(4) ⑤　(5) ②

15
(1) **charismatic**　(2) **shortly**　(3) **storage**　(4) **sort**
(5) **intention**

① すぐに　② カリスマ的な　③ 種類／分類する　④ 保管　⑤ 意図

········· A　(1) ②　(2) ①　(3) ④　(4) ③　(5) ⑤

16 (1) **application**　(2) **marvel**　(3) **forum**　(4) **dedicated**
(5) **exclusive**

① 公開討論会　② 驚く　③ 申し込み・適用　④ 献身的な　⑤ 独占的な

A　(1) ③　(2) ②　(3) ①　(4) ④　(5) ⑤

17 (1) **saving**　(2) **consist**　(3) **arrangement**　(4) **district**
(5) **passionate**

① 整理・準備・手配　② 情熱的な　③ 地区　④ 成り立つ・ある　⑤ 救助・節約・預金

A　(1) ⑤　(2) ④　(3) ①　(4) ③　(5) ②

18 (1) **apparently**　(2) **permanently**　(3) **fascinate**
(4) **decline**　(5) **nonsense**

① (見たところ)～のようだ　② ばかげた考え　③ 傾く・下落する・断る／衰退・下落
④ 永遠に・いつも　⑤ 魅了する

A　(1) ①　(2) ④　(3) ⑤　(4) ③　(5) ②

19 (1) **precisely**　(2) **viewpoint**　(3) **deliberately**
(4) **suspicious**　(5) **fur**

① 慎重に・故意に　② 疑って　③ 観点　④ 毛皮・毛　⑤ 正確に

A　(1) ⑤　(2) ③　(3) ①　(4) ②　(5) ④

20 (1) **coming**　(2) **arms**　(3) **badly**　(4) **delegate**
(5) **duplicate**

① 武器・火器　② 来たるべき　③ 下手に・ひどく　④ 代表・使節　⑤ 複写の／複写する

A　(1) ②　(2) ①　(3) ③　(4) ④　(5) ⑤

次の(1)〜(5)の単語の意味を、①〜⑤から選びなさい。

21
(1) **respectively**　(2) **spin**　(3) **enjoyable**　(4) **hardship**　(5) **setting**

① 回転する／回転　② 苦難　③ それぞれ　④ 楽しい　⑤ 環境・設定

A　(1) ③　(2) ①　(3) ④　(4) ②　(5) ⑤

22
(1) **parallel**　(2) **identity**　(3) **discipline**　(4) **toxic**　(5) **strike**

① しつけ・訓練・学問／罰する・訓練する　② 有毒な／有害物質　③ アイデンティティー・自分らしさ・正体　④ 打つ・襲う・印象を与える・(考えが)浮かぶ　⑤ 平行の・似ている／平行線・対応(匹敵)するもの

A　(1) ⑤　(2) ③　(3) ①　(4) ②　(5) ④

23
(1) **vaccinate**　(2) **yield**　(3) **fitness**　(4) **child raising**　(5) **exterior**

① 健康・適合　② 外部の／外部　③ 子育て　④ 〜にワクチン接種をする　⑤ 与える・産出する・降伏する／産出

A　(1) ④　(2) ⑤　(3) ①　(4) ③　(5) ②

24
(1) **regain**　(2) **organization**　(3) **compose**　(4) **ironically**　(5) **remainder**

① 組み立てる・構成する　② 取り戻す　③ 組織　④ 皮肉にも　⑤ 残り

A　(1) ②　(2) ③　(3) ①　(4) ④　(5) ⑤

25
(1) **overall**　(2) **prosper**　(3) **valid**　(4) **negotiation**　(5) **intend**

① 栄える　② 全体的な／全体として　③ 有効な・妥当な　④ 意図する　⑤ 交渉

A　(1) ②　(2) ①　(3) ③　(4) ⑤　(5) ④

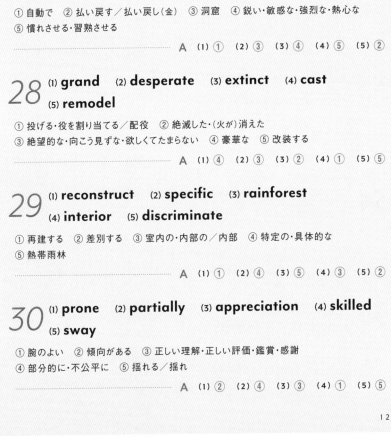

26
(1) **endlessly**　(2) **veil**　(3) **appreciate**
(4) **reasonable**　(5) **property**

① 所有物（財産・不動産）・性質　② 果てしなく　③ 理に適った・（値段が）手頃な
④ 覆い隠すもの／覆い隠す　⑤ 正しく理解する・評価する・鑑賞する・感謝する

A　(1) ②　(2) ④　(3) ⑤　(4) ③　(5) ①

27
(1) **automatically**　(2) **cave**　(3) **keen**　(4) **familiarize**
(5) **refund**

① 自動で　② 払い戻す／払い戻し（金）　③ 洞窟　④ 鋭い・敏感な・強烈な・熱心な
⑤ 慣れさせる・習熟させる

A　(1) ①　(2) ③　(3) ④　(4) ⑤　(5) ②

28
(1) **grand**　(2) **desperate**　(3) **extinct**　(4) **cast**
(5) **remodel**

① 投げる・役を割り当てる／配役　② 絶滅した・（火が）消えた
③ 絶望的な・向こう見ずな・欲しくてたまらない　④ 豪華な　⑤ 改装する

A　(1) ④　(2) ③　(3) ②　(4) ①　(5) ⑤

29
(1) **reconstruct**　(2) **specific**　(3) **rainforest**
(4) **interior**　(5) **discriminate**

① 再建する　② 差別する　③ 室内の・内部の／内部　④ 特定の・具体的な
⑤ 熱帯雨林

A　(1) ①　(2) ④　(3) ⑤　(4) ③　(5) ②

30
(1) **prone**　(2) **partially**　(3) **appreciation**　(4) **skilled**
(5) **sway**

① 腕のよい　② 傾向がある　③ 正しい理解・正しい評価・鑑賞・感謝
④ 部分的に・不公平に　⑤ 揺れる／揺れ

A　(1) ②　(2) ④　(3) ③　(4) ①　(5) ⑤

次の(1)〜(5)の単語の意味を、①〜⑤から選びなさい。

31
(1) **conservation**　(2) **outstanding**　(3) **partly**
(4) **integral**　(5) **recyclable**

① (環境の)保護・(文化遺産などの)保存　② 再利用可能な／リサイクル可能な物
③ 部分的に　④ 不可欠な　⑤ 目立った・優れた

A (1)①　(2)⑤　(3)③　(4)④　(5)②

32
(1) **apt**　(2) **costly**　(3) **troublesome**　(4) **priceless**
(5) **seek**

① 高価な・犠牲の大きな　② 傾向がある　③ とても貴重な　④ 追い求める　⑤ 面倒な

A (1)②　(2)①　(3)⑤　(4)③　(5)④

33
(1) **deliberate**　(2) **unveil**　(3) **likelihood**
(4) **accommodate**　(5) **addition**

① 公開する　② 可能性　③ よく考えた・慎重な・故意の／よく考える
④ 収容・宿泊できる　⑤ 付け加えること

A (1)③　(2)①　(3)②　(4)④　(5)⑤

34
(1) **launch**　(2) **magnificent**　(3) **fairly**　(4) **elaborate**
(5) **memorize**

① 凝った／詳しく説明する　② 記憶する　③ 公平に・かなり・まあまあ　④ 壮大な
⑤ 発射する・(事業を)始める

A (1)⑤　(2)④　(3)③　(4)①　(5)②

35
(1) **ignorant**　(2) **permission**　(3) **complement**
(4) **diverse**　(5) **formulate**

① 許可　② 公式化する・明確に述べる　③ 無知な　④ 異なった・多様な
⑤ 補足する／補足(物)

A (1)③　(2)①　(3)⑤　(4)④　(5)②

36
(1) **conquest** (2) **excursion** (3) **aloud**
(4) **comparable** (5) **description**

① 声を出して　② 似たような　③ 征服　④ 説明　⑤ 小旅行・遠足

A (1) ③　(2) ⑤　(3) ①　(4) ②　(5) ④

37
(1) **complaint** (2) **commitment** (3) **closure**
(4) **short-term** (5) **myth**

① 迷信・作り話　②（工場・学校などの）閉鎖　③ 短期の　④ 献身・約束・責任　⑤ 苦情

A (1) ⑤　(2) ④　(3) ②　(4) ③　(5) ①

38
(1) **rating** (2) **tempt** (3) **naive** (4) **temporarily**
(5) **quest**

① 世間知らずな　② 探求　③ 評価　④ 引きつける・（人を）～する気にさせる
⑤ 一時的に

A (1) ③　(2) ④　(3) ①　(4) ⑤　(5) ②

39
(1) **prospective** (2) **accompany** (3) **sentence**
(4) **bound** (5) **invaluable**

① 付き添う・伴う　② 文・判決／判決を下す　③ 見込みのある
④ ～行きの・必ず～する　⑤ とても貴重な

A (1) ③　(2) ①　(3) ②　(4) ④　(5) ⑤

40
(1) **inject** (2) **biodiversity** (3) **astonish** (4) **wound**
(5) **capability**

① 能力・可能性　② 注射する　③ 生物多様性　④ 負傷させる／ケガ　⑤ 驚かせる

A (1) ②　(2) ③　(3) ⑤　(4) ④　(5) ①

本書独自の選定基準

　単語帳の世界ではよく「頻度」という指標が使われますが、この本は頻度に加えて、独自の視点（語彙問題で出る・長文でキーワードになる・受験生がなかなか覚えられない）からも単語を選定しました。

　大事なのに世間でないがしろにされている例を挙げると、potential（p.85の238番）があります。この単語の重要性を強調されたことがある受験生はほとんどいないでしょう。でもこの単語は訳しにくい上に、やたらと語彙問題で出る（つまり得点に直結する）のです。たとえば以下の2問は両方とも中央大の問題です（2年連続で出ました）。

---

(1)「潜在能力を最大限に発揮する」となるように

〜 realize their full (　　) 〜

1　potential　　　2　possibility

3　adaptability　　4　improvement

(2)下線部と同じ意味の選択肢を選びなさい

〜 realized its <u>potential</u> to change our life.

a. ability　　b. development　　c. fame

d. influence　　e. reputation

---

ans. (1) 1　(2) a

　このように、「得点に直結する単語」をしっかり取り上げています。

ZONE

[単語401～600]

	DATE	NOTE
Set 1	/	
Set 2	/	
Set 3	/	
Set 4	/	
Set 5	/	
Set 6	/	

401

roughly [rʌ́fli]

rough 形 粗い

副 乱暴に・おおよそ

「ラフ (rough) に」→「ざっくり粗い感じで」
→「乱暴に」→「乱暴な計算で」→「おおよ
そ」／roughly 5000 yen「約 5000 円」

402

applicable [ǽplɪkəbl]

apply 動 申し込む・当てはまる

形 当てはまる

アンケートで not applicable「該当なし」と
使われる (N/A と略されることも) ので、共通
テスト対策としてチェックしておこう。

403

settlement [sétlmənt]

settle 動 定住する・定住させる・
解決する

名 定住・解決

「フラフラしている人・事などをセットして
座らせること」→「定住・解決」(共に落ち着
いて解決するイメージ)

404

conscience [ká:nʃəns]

conscientious 形 良心的な

名 良心

本来「善悪を知っていること (science)」だ
が、もはや「サイエンスには良心が必要」
と覚えよう (ただし発音には注意)。

405

significance [sɪgnífɪkəns]

significant 形 重要な

名 意義・重要性

「サイン (sign) をつけるほど重要なこと」→
「意義・重要性」／「重要性」というからに
は、長文でこの単語が出てきたら大事な内
容になる可能性大。

406 ■■■■■■

simulate [símjəlèɪt]

動 ふりをする・シミュレーション
する

simulation 名 シミュレーション

「シミュレーションする」で問題ないが、せっ
かくなので「シュミ」ではなく「スィミュ」と
いう発音も意識しておこう。

407 ■■■■■■

subjective [səbdʒéktɪv]

形 主観的な

subject には「主語」という意味があるので
（SVOC など文型で使われる S）、「主語中心に」
→「自分の主観的な」と考えよう。

subject 名 話題・主語

408 ■■■■■■

expose [ɪkspóuz]

動 さらす・暴露する

むき出しなイメージ／「外に (ex) 置く
(pose)」→「さらす」(pose は本来「置く」→「(モ
デルが舞台に置かれて) ポーズをとる」)／
expose A to B「A を B にさらす」が大事。

409 ■■■■■■

tendency [téndənsi]

名 傾向

tend to ～「～する傾向がある」と同じよう
に、名詞 tendency になっても to を取る
ことが多い／ a tendency to speak too
quickly「早口で話す傾向」

tend to ～ 熟 ～する傾向がある

410 ■■■■■■

cellular [séljələr]

形 細胞の・携帯電話式の

cellular phone・cell phone「携帯電話」(「広
い地域を細胞のように細かく分割してアンテナ
を立てる電話」という意味)

411 ■■■■■■

ultimately
[Áltəmətli]

ultimate 形 最終的な

副 最終的には

形容詞 ultimate は「究極的な」とばかり訳されるが、本来の「最終的な」という訳語のほうが便利で、副詞 ultimately = finally と考えてみよう。

412 ■■■■■■

assumption
[əsámpʃən]

assume 動 思う・引き受ける・(態度を)とる

名 前提・思い込み

「(証拠なしに)当然と思うこと」というイメージ／長文で出てきたら「最初は～という思い込み」→「しかし実際は違う」の展開で使われる。

413 ■■■■■■

upcoming [ÁpkÀmɪŋ]

形 来たるべき

be coming up「もうすぐやってくる」から生まれた単語。

414 ■■■■■■

update
動[ʌpdéɪt] 名[Ápdèɪt]

動 最新のものにする
名 最新情報・更新

形容詞 up-to-date「最新の」から生まれた単語／update my blog frequently「ブログを頻繁に更新する」

415 ■■■■■■

verify [vérəfàɪ]

verification 名 立証

動 (真実だと)証明する・確かめる

証言やアリバイなど不確か・不安定で揺らいでいるものを「カチっとさせる」イメージ。

416

clarify [klǽrəfàɪ]

clarification 名 明確化

動 明らかにする

「はっきりとクリアに (clear) する」→「明らかにする」／clarify the issue「その問題を明確にする」／ビジネスでめちゃくちゃ使われる。

417

visualize [víʒuəlàɪz]

visual 形 視覚の

動 視覚化する・思い浮かべる

「ビジュアル (visual) 化する」→「視覚化する」→「心の中で視覚化する」→「心に描く・思い浮かべる」

418

participation [pɑ̀:rtìsəpéɪʃən]

participant 名 参加者
participate 動 参加する

名 参加

「あるグループやイベントの一部 (part) になること」→「参加」

419

destruction [dɪstrʌ́kʃən]

destroy 動 破壊する

名 破壊

environmental destruction「環境破壊」は長文での重要表現。

420

mitigate [mítəgèɪt]

動 和らげる・軽くする

mitigate the effects of climate change「気候変動の影響を緩和する」／reduce への書き換え問題が頻出／慶應大では語彙問題で出題

421

intrigue [ɪntríːg]

動 興味を持たせる

intriguing 形 興味をそそる

intricate「複雑な」と同じ語源で、「複雑な小説が読者に興味を持たせる」ということ／Her story intrigued him.「彼女の話は彼を引き付けた」

422

side effect [sáɪd ɪfékt]

名 副作用・(ワクチンの)副反応

文字通り「薬の副作用」の意味でも大事だが(病院での会話がリスニングでも出る)、余裕があれば、比喩的な「副作用」→「意外な結果」の意味もチェック。

423

inevitably [ɪnévətəbli]

副 必ず

inevitable 形 避けられない

「避けられない(inevitable)ように」→「必然的に・必ず・どうしても」／「何をどうあがいても結局は」というイメージ。

424

remarkably
[rɪmáːrkəbli]

副 目立って・著しく

remark 動 気づく・言う 名 意見
remarkable 形 注目すべき

「気づかれるほど目立つ(remarkable)ような」→「目立って」／大事な内容・変化だからこそ「目立つ」ので、この単語が長文で出てきたら注意!

425

shameful [ʃéɪmfl]

形 恥ずべき

「恥(shame)であふれて(ful)」→「恥ずべき」／shameful は「(物が)恥ずべき」(たとえば「失態」)に使う(人には ashamed「恥ずかしい」)。

426

typically [típɪkli]

typical 形 典型的な

副 一般的に

「典型的なタイプ（type）のように」→「典型的に・一般的に」

427

conveniently [kənví:njəntli]

convenient 形 便利な

副 便利に

地図問題やお店の宣伝で、be conveniently located「便利に位置している」→「立地条件が良い」とよく使われる（locate「（店などを）置く」）。

428

evaluation [ɪvæljuéɪʃən]

evaluate 動 評価する

名 評価

「価値（value）をつけること」→「評価」／今やいろんなところで商品などが評価されるだけによく使われる単語。

429

evident [évədənt]

形 明らかな

「外に（e=ex）見える（vident）」→「（外から見ても）明らかな・明白な」／It is evident that ～「～は明らかだ」の形が重要。

430

lively [láɪvli]

形 元気な・活発な

「ライブ（live）感溢れる」→「元気な・活発な」と考えよう／ly で終わるが「形容詞」という点に注意。

431 ■ ■ ■ ■ ■ ■

conditional
[kəndíʃənl]

condition 名 条件・状態

形 条件付きの

「コンディション」は「その場その時の様子・条件」／conditional は「その場での条件が付いた」→「条件付きの」

432 ■ ■ ■ ■ ■ ■

unstable [ʌnstéɪbl]

形 不安定な

「安定した状態 (stable) ではない (否定の un)」／人の性格や人間関係などにも使える。

433 ■ ■ ■ ■ ■ ■

altogether
[ɔ̀:ltəgéðər]

副 完全に・全部で

「全部 (al=all) 一緒に (together)」→「完全に・全部で (合計で)」／not ~ altogether 「完全に~とはいえない」(部分否定)

434 ■ ■ ■ ■ ■ ■

separation
[sèpəréɪʃən]

separate 動 分ける・分離する
形 分離した・別個の

名 分離

「スパッと切り離された」イメージ／Canada's separation from England「イギリスからのカナダの独立」

435 ■ ■ ■ ■ ■ ■

uniquely [ju(:)ní:kli]

unique 形 唯一の

副 独特に

「ユニーク」=「面白い」という発想は捨てること／「それ1つだけで」→「独特に・独自に」

🔊 **TRACK44** [431-440]

436

dependable
[dɪpéndəbl]

depend 動 頼る
dependence 名 頼ること
dependent 形 頼っている

形 信頼できる

「頼られることができる (able)」→「信頼が
ある」／You're dependable.「あなたって
頼もしい」

437

durable [d(j)úərəbl]

endure 動 耐える

形 長持ちする

「持ちこたえる (dure=endure) ことができる」
→「長持ちする」／「頑丈で長く持つ」イメー
ジ。

438

edible [édəbl]

形 食べられる

ed=eat で「食べられることができる (ible)」
／Are these plants edible?「これらの植物
は食べられますか?」

439

favorable [féɪvərəbl]

favor 名 好意 動 好意を示す

形 好意的な

「好意 (favor) を持たれることができる
(able)」→「好意的な」／favorable
attitudes to ～「～に対して好意的な態度」

440

visible [vízəbl]

形 目に見える

「見られる (vis=vision) ことができる (ible)」
→「目に見える」／a ship that is visible in
the distance「遠くに見えている船」

---

441 ■ ■ ■ ■ ■

invisible [ɪnvízəbl]

形 目に見えない

If you wear this dress, you become invisible.「この服を着れば、透明になるよ」（魔法使いのセリフで「主語 you が（人から）目に見えない」ということ）

---

442 ■ ■ ■ ■ ■

probability
[prɑ̀:bəbíləti]

probable 形 ありそうな

probably 副 たぶん

名 確率

色々な訳し方があるが「確率」が一番便利（ちなみに英語圏の数学で probability という単元がある）／a high probability「高い確率」

---

443 ■ ■ ■ ■ ■

prospect [prɑ́:spekt]

prospective 形 見込みのある

名 見込み・展望・有望な人

「前を（pro）見る（spect）」→「先のことを考える」→「見込み」／the prospects for our future prosperity「我々が将来繁栄する見込み」は学習院大が出題。

---

444 ■ ■ ■ ■ ■

affordable
[əfɔ́:rdəbl]

afford 動 余裕がある

形 手頃な

「余裕で購入可能」→「手頃な価格の」／an affordable used iPhone「手頃な価格の中古の iPhone」／reasonable で言い換える問題が神奈川大で出題された。

---

445 ■ ■ ■ ■ ■

argument [ɑ́:rgjəmənt]

argue 動 議論する・主張する

名 議論・主張・口げんか

「議論でハッキリ主張する」イメージ／have an argument with ～ about ...「…のことで～と口げんかする」

446

respectable
[rɪspéktəbl]

respect 動 尊敬する

形 立派な・ちゃんとした

本来は「尊敬 (respect) される (able) ほど」
→「立派な」だが、その意味が弱まり「ちゃ
んとした (まあ悪くない)」という意味でよく
使われる。

447

respectful
[rɪspéktfl]

respectfully 副 丁重に

形 尊重した

「尊敬 (respect) でいっぱいの (ful)」→「尊
敬している・尊重している」／be respectful
of others' opinions「他人の意見を尊重す
る」

448

concerning
[kənsə́:rnɪŋ]

concern 動 関係させる

前 ～に関して

動詞 concern「関連させる」が分詞構文に
なった形だが、もはや前置詞扱い (about と
同じ意味) と考えて OK

449

minister [mínəstər]

名 大臣

「王様に比べてミニ (mini) な人」→「王様
のそばで国に使える人」→「大臣」／the
Prime Minister「総理大臣」(prime「最も重
要な」)

450

merely [míərli]

mere 形 単なる

副 単に

only と同じ意味／not a doctor, but merely
a medical student「医師ではなく、(まだ)
医学生にすぎない」

451

regardless
[rɪgɑ́ːrdləs]

形 気にかけない

入試では regardless of ～「～にかかわらず」という熟語で出る ／ 君たちは、regardless of what people say「人が何と言おうと」単語を続けよう!

452

accuse [əkjúːz]

動 責める・告訴する

日常でも使う「責める」と、ちょっと深刻な「告訴する」という意味があるので文脈で判断する。accuse 囚 of ～「囚を～のことで非難する」の形が重要。

453

flame [fléɪm]

名 炎

「フラミンゴ (flamingo)」は元々「炎 (flame) の色をした鳥」のこと／frame「枠」と混乱するなら、"1" のようにスッと伸びるフラミンゴの足をイメージ。

454

confront [kənfrʌ́nt]

confrontation 名 直面・対決

動 直面させる

「お互いの前 (front) を見る」イメージで「直面させる」となる／confront 囚 with 物「囚に物を直面させる」の形が重要。

455

shipment
[ʃípmənt]

ship 動 輸送する

名 積み荷・発送

本来は「船 (ship) で配送すること・船の積み荷」だが、それに加えて「(陸路・空路での) 発送」にも使える／ネットで買い物するのが当たり前のこのご時世、欠かせない単語。

456

considerable

[kənsídərəbl]

consider 動 考慮する

considerably 副 かなり

形 かなりの

「考慮（consider）されるほど」→「（無視できないほど）多くの・かなりの」／a poet of considerable talent「かなりの才能を持つ詩人」は宮城教育大で出た。

457

considerate

[kənsídərət]

consideration 名 考慮・思いやり

形 思いやりがある

「人のことをよく考える（consider）ような」→「思いやりがある」／kind and considerate「優しくて思いやりがある」（この形でよく使われる）

458

defeat [dɪfíːt]

動 打ち負かす 名 敗北

beat と同じ意味なので、"beat=defeat" でリズム良く覚えよう／もし余裕があれば名詞の場合は「敗北」になることもチェック。

459

economical

[èkənáːmɪkl]

economic 形 経済上の

形 お得な

「経済的な」と訳されることが多いが、economic「経済上の」と混乱してしまうので、economical は「お得な・安い」と覚える方がいい。

460

precede [prɪsíːd]

動 ～より先に行く・優先する

A precede B「A は B より先に進む（A → B の順）」を意識することが大事／"名 precede 名" と覚えるのもアリ（follow の逆）。

139

461

assure [əʃúər]

動 保証する

「確実 (sure) にする」／assure 人 of ～／assure 人 that sv「～を 人 に保証する」の形が重要。

462

furnish [fə́ːrnɪʃ]

furniture 名 家具

動 備え付ける

furnish 場所 with 物「場所 に 物 を備え付ける」の形をとる (provide と同じ形で、場所 に 物 を与える (provide) 感覚)。

463

industrial [ɪndʌ́striəl]

industry 名 産業・業界・勤勉

形 産業の・業界の

名詞 industry は本来「勤勉」で、「勤勉さから産業が生まれた」という発想／the Industrial Revolution「産業革命」

464

industrious
[ɪndʌ́striəs]

industry 名 勤勉・産業・業界

形 勤勉な

この本を開くたびに「単語をストイックに頑張る自分はめっちゃ industrious」と言うようにしよう。

465

literacy [lítərəsi]

literate 形 読み書きできる
computer literacy 名 コンピューター操作能力

名 読み書きの能力 (識字)・使いこなす能力

basic literacy skills「基本的な読み書きの力」は青山学院大で出た。

466 ■■■■■■

literal [lítərəl]

形 文字通りの

「文字 (liter=letter) の」(letter は「手紙」以外に「文字」の意味がある) →「文字通りの」／次の単語に行く前にあと 5 回この単語を読み直そう。

467 ■■■■■■

literary [lítərèri]

形 文学の

「文学 (literature) に関連がある」→「文学の」／books of literary merit「文学的に価値のある本」

468 ■■■■■■

literate [lítərət]

illiterate 形 読み書きできない

形 読み書きできる

さすがにこうも似た単語が続くとかなりキツいが、まずは確実なものを 1 つだけでも覚えよう／もし余裕があれば illiterate「読み書きできない」も覚えてしまおう。

469 ■■■■■■

personnel
[pə̀:rsənél]

名 職員

超まぎらわしい personal「個人の」よりも、personnel のつづりが長いので「つづりが多いほうが人が多い」→「職員」と覚えよう。

470 ■■■■■■

endow [ɪndáu]

endowment 名 寄付

動 授ける

endow 人 with 物「人 に 物 を授ける」の受動態 be endowed with 物 {by God}「物 を {神様に} 授けられている」→「物 に恵まれている」の形が重要。

471

resolve [rizá:lv]

動解決する・決心する

「何度も (re) 解く (solve)」→「解決する」→
「心の中で解決する」→「決心する」／モヤ
モヤしていたものにケリがつくイメージ。

472

sensible [sénsəbl]

形分別がある

「分別 (sense) ある考えができる (ible)」と
考えよう／a sensible question「賢明な質
問」は一橋大で出た。

473

sensitive
[sénsətɪv]

sensitivity 名感受性

形敏感な・影響を受けやすい

become more sensitive to cultural
differences「文化の違いに、より敏感にな
る」は国際教養大で出た。

474

deprive [dɪpráɪv]

動奪う

「切り離して (de) 自分のもの・プライベート
のもの (prive=private) にする」→「奪う」と
考えよう／deprive[rob] 人 of 物「人から
物を奪う」の形が重要。

475

impulse [ímpʌls]

名衝動

pulse は「脈拍」(医療機器に書いてあるので、
今度病院でチェックを)／impulse は「つい脈
拍が動くような衝動」

476

withstand [wɪðstǽnd]

動 耐える

「反対して (with) 立つ (stand)」→「耐える」／with は本来「逆らって」(fight with an enemy「敵を相手に戦う」にその意味が残っている)

477

withdraw [wɪðdrɔ́ː]

withdrawal 名 引っ込めること・撤回・撤退

動 引っ込める・撤退する

「逆らって (with) 引く (draw)」→「引っ込める・引き出す」→「発言を引っ込める」→「撤回する」→「撤退する」

478

withhold [wɪðhóuld]

動 与えない・保留する

「逆らって (with) 抱える (hold)」→「与えない・保留する」／withhold information「情報を与えない」／以上、with がつく動詞をしっかり整理しよう。

479

discourage
[dɪskə́ːrɪdʒ]

動 がっかりさせる

「勇気 (courage) をなくす (dis)」→「やる気をそぐ・がっかりさせる」／discourage 人 from -ing「人 が〜する気をなくさせる」の形が重要。

480

equip [ɪkwíp]

equipment 名 装備・準備

動 備え付ける

本来「船に色々なものを装備していく」／equip 人 with 物「人 に 物 を備え付ける」／応用として「教育を備え付ける (= 知識を授ける)」でも使える。

481

synthetic [sɪnθétɪk]

synthesis 名 総合・合成
synthesize 動 総合する・合成する

形 総合の・合成の

「色々なものを組み合わせて総合する」イメージ／synthetic material「合成材料（ポリエステルやプラスチックなど）」

482

exposure [ɪkspóuʒər]

expose 動 さらす・暴露する

名 さらすこと・さらされること

動詞 expose「さらす」の名詞形で、能動「さらすこと」にも、受動「さらされること」にも使える。

483

grateful [gréɪtfl]

形 感謝している

gra は「感謝」で、イタリア語で「ありがとう」は「グラッチェ（grazie）」／be grateful to 囚 for ～「～で囚に感謝している」の形が重要。

484

relieve [rɪlíːv]

relief 名 除去・安心
relieved 形 ほっとした

動 取り除く・安心させる

本来「取り除く」で、意味の似た rob「奪う」と同じ形をとる／relieve 囚 of 物「囚から物（不安）を奪う」→「囚を安心させる・楽にする」

485

reward [rɪwɔ́ːrd]

動 報いる 名 報酬

ポイントカードに reward と書かれることがあり、「報酬」→「ポイント」の意味で使われる／receive the reward「報酬を受け取る」は早稲田大で出た。

486 ■ ■ ■ ■ ■ ■

attribute
[ətríbju:t]

動【参考】結果を帰する

無理に日本語訳を覚える必要はなく、attribute 結果 to 原因「結果 は 原因 による」の形で覚えれば OK

487 ■ ■ ■ ■ ■ ■

betray [bɪtréɪ]

betrayal 名 裏切り

動 裏切る

「大事なものを皿・トレイ(tray)で敵に渡す」→「裏切る」/betray a friend「友達を裏切る」

488 ■ ■ ■ ■ ■ ■

principal [prínsəpl]

形 主要な・重要な 名 校長

「主要な」→「学校で主要な人」→「校長」と覚えよう/語源が関連する principle「原理・原則」としっかり区別を (-pal で終わるのが「校長」)。

489 ■ ■ ■ ■ ■ ■

crucial [krú:ʃəl]

形 重要な・決定的な

本来「十字路 (cruci=cross) でどちらの道に進むべきか決めるほど重要で決定的な」/「決定的な」とだけ訳されることが多いが「重要な」も重要。

490 ■ ■ ■ ■ ■ ■

decisive [dɪsáɪsɪv]

形 決定的な

「決定 (decision) を下せるほどの」→「決定的な」/decisive evidence「決定的証拠」

ZONE 3

1	2	3	4	5	6
/	/	/	/	/	/

491

dispute [dɪspjúːt]

動 議論する **名** 議論・討論

「反論 (dis) してピュッと (pute) つばが飛ぶ」
→「議論する」と考えよう (本当は computer
のように「考える」という意味だが)。

492

implication
[ìmpləkéɪʃən]

imply **動** ほのめかす

名 暗示・影響・結果

「暗示 (imply) するもの」→「その後を暗示
するもの」→「影響・結果」/「結果」の意
味が一番狙われる (複数形 implications で使
う)。

493

strip [stríp]

動 脱がせる・剥ぎ取る

strip 人 of 物「人から物を剥ぎ取る」の形
が重要 (rob・deprive と同じ形をとる) / be
stripped of one's position「地位を奪われ
る」

494

indispensable
[ìndɪspénsəbl]

dispense **動** 分配する・なしで済ま
す
dispensable **形** なくても済む

形 必要不可欠な

「全体の中でどうしても必要な一部分」→
「必要不可欠な・重要な」/「何が何でも絶
対にマスト！」というイメージ。

495

old-fashioned
[óuldfæ̀ʃənd]

形 古い・時代遅れの

ドーナツの「オールドファッション (ド)」は
「(古くから作られた) ドーナツ」/fashion は
「ファッション」より「流行」の意味が大事。

146

496

conventional
[kənvénʃənl]

convention 名 会議・慣習

形 従来の・型にはまった

「集会 (convention) でみんなで決めた昔からあるような」→「従来からある」／長文でこの単語を見たら、その後に「今は違う」という展開になることがほとんど。

497

penetrate [pénətrèit]

penetration 名 貫通・浸透

動 入り込む・貫通する

サッカー・バスケの「ペネトレイト」は「敵陣の中に入り込むこと」／ズバッと入りこんで貫通するイメージ。

498

critical [krítɪkl]

critic 名 批評家
criticize 動 批評する
criticism 名 批判

形 批判的な・重要な

「クリティカルヒット」は「決定的な・重要な一撃」／「重要な (importantとの書き換えが出る)」→「(重要な) 判断に優れた」→「批判的な」と考えよう。

499

repress [rɪprés]

動 抑える

「何度も (re) 押す (press)」→「感情・怒りなどがこみ上げてくるのを何度も押さえ込む」→「抑える」

500

signify [sígnəfài]

significant 形 重要な
sign 名 印

動 意味する・重要である

「何かの目印・サイン (sign) になる」→「意味する」

501 ■■■■■■

stalk [stɔ́:k]

動こっそり追う

「ストーカー (stalker)」で簡単に覚えられるが、stalk her on Twitter「彼女のツイッターをこっそり見る」のようにも使える。

502 ■■■■■■

stem [stém]

名茎 動生じる

「茎」→「茎のように伸びる」→「起こる・発生する・派生する」／結果 stem from 原因「結果 は 原因 から生じる」の形が重要。

503 ■■■■■■

unforgettable
[ʌ̀nfərgétəbl]

forget 動忘れる
forgettable 形忘れられる・存在感がない

形忘れられない

「忘れ (forget) られることができる (able) ことがない (否定の un)」／an unforgettable moment「忘れられない瞬間」(良い思い出に使われることが多い)

504 ■■■■■■

virtue [vɜ́:rtʃu:]

名美徳・長所

「美徳・徳」とだけ訳されることが多いが、「長所」の意味も便利なので両方チェックを／by virtue of ~「~という長所によって」→「~によって」

505 ■■■■■■

vice [váis]

名悪・欠点 形副の

virtue and vice「美徳と悪徳」／「副の」という意味は別語源だが、最近のニュースなどで大切／vice president「副大統領・副社長」

🔊 TRACK51 [501-510]

---

506 ▪▪▪▪▪▪

controversy
[kά:ntrəvə̀:rsi]

名論争

contro は「反対の (counter)」(ボクシングの「カウンターパンチ」、サッカーの「カウンターアタック」) →「反対して論争すること」

---

507 ▪▪▪▪▪▪

controversial
[kὰ:ntrəvə́:rʃəl]

controversially 副議論の余地は
あるが
controversy 名論争

形賛否両論ある

「議論 (controversy) の余地のある」→「賛否両論ある」/ Death penalty is a controversial issue.「死刑 (について) は賛否両論ある問題だ」

---

508 ▪▪▪▪▪▪

overwhelm
[òuvərwélm]

overwhelming 形圧倒的な

動圧倒する

「上を覆って (over) のしかかる」イメージ/ be overwhelmed with patients「患者で溢れかえる」はコロナによる医療崩壊でよくニュースで使われた。

---

509 ▪▪▪▪▪▪

neat [níːt]

形きちんとした

いわゆる「ニート (NEET)」と、この neat はまったく意味が違う/ neat and tidy「きちんと整理して」でよく使われる (tidy「きちんとした・整理されて」)。

---

510 ▪▪▪▪▪▪

opponent [əpóunənt]

oppose 動反対する
opposite 形反対の

名 (試合・論争などの) 相手・反対者

「反対する (op=oppose「反対する」) 人」→「相手・反対者」/ an opponent of raising taxes「増税に反対する人」

---

511 ■ ■ ■ ■ ■ ■

persist [pərsíst]

persistence 名 固執・しつこさ
persistent 形 固執する・しつこい

動 続く・固執する

「完全に (per=perfect) 立つ (sist=stand)」→「意地になって立ち続ける」→「続く・固執する」／persist in -ing「〜し続ける」

---

512 ■ ■ ■ ■ ■ ■

primary [práɪmèri]

primarily 副 最初に・主に

形 最初の・重要な

本来「1位の」→「最初の」→「最初の段階は重要」→「重要な」／a primary school「最初の学校」→「小学校」(an elementary school でも OK)

---

513 ■ ■ ■ ■ ■ ■

unexpected
[ʌnɪkspéktɪd]

unexpectedly 副 思いがけなく
expected 形 予期された

形 思いがけない

expect には「期待する・来るのを待つ」という意味があるので、unexpected は「来ることが期待されなかった」→「思いがけない」と考えよう。

---

514 ■ ■ ■ ■ ■ ■

tremble [trémbl]

動 震える

tre も ble も「震える」音のイメージ／恐怖・怒りで震える／建物・地面が揺れることにも使う／tremble with anger「怒りで震える」

---

515 ■ ■ ■ ■ ■ ■

miserable [mízərəbl]

misery 名 悲惨・苦難

形 惨めな

有名なフランス小説『レ・ミゼラブル』で使われている／have a miserable time「惨めな時間を過ごす」

---

516 ■■■■■■

abundant [əbʌ́ndənt]

abundance 名 豊富

形 豊富な

「勢いよくバウンド (bound) する・大きな波になる・溢れ出る」ようなイメージ／abundant food「豊富な食糧」は同志社大で出た。

517 ■■■■■■

breed [bríːd]

動 育てる 名 品種

ペットショップで使われる「ブリーダー (breeder)」は「犬などを育てる仕事をする人」

518 ■■■■■■

traumatic [trɔːmǽtɪk]

trauma 名 トラウマ

形 心を苦しめるような

「トラウマ (心に負った傷) のような・精神的外傷の」ということ。

519 ■■■■■■

cite [sáɪt]

動 引用する

本来「呼ぶ」で、excite は「感情を呼び起こす」→「ワクワクさせる」／cite 自体は「(本から) 呼ぶ」→「引用する」となった。

520 ■■■■■■

virtually 注
[və́ːrtʃuəli]

virtual 形 仮想の・事実上の

副 事実上

「バーチャルのように現実に近い」→「実質的には・事実上・ほとんど」

151

ZONE

3

521

classify [klǽsəfàɪ]

classification 名 分類

動 分類する・機密扱いにする

「同種のもの・クラス(class)に分ける」→「分類する」／classify A according to ～「～に従って A を分類する」の形が重要。

522

remains [rɪméɪnz]

remain 動 ～のままでいる・残っている

名 残り・遺跡

「～のままでいる・残っている(remain)もの」→「残り・遺跡」(常に複数形で使われる)

523

detect [dɪtékt]

detective 名 探偵

動 見つけ出す

detective「探偵」は「真相を見つけ出す人」／protect「保護する」の反対のイメージ「マイナスに(de)protect する」→「保護を剥がして見つけ出す」

524

exceptional [ɪksépʃənl]

exception 名 例外

形 例外的な・優れた

「例外(exception)の」→「例外的な」→「例外的に優れた」／名詞 exception「例外」は、前置詞 except「～を除いて」から覚えよう。

525

exceptionally [ɪksépʃənəli]

副 例外的に・非常に

「例外(exception)的に」→「例外的にすごく」→「非常に」

152

526 ▪▪▪▪▪▪

identical [aɪdéntɪkl]

形 同じ

「まったく同じじゃん!」というイメージ／identical twins「一卵性双生児」／be identical to ~「~と同じ」

527 ▪▪▪▪▪▪

particle [pɑ́:rtɪkl]

名 小さな粒・少量

「ほんのわずかな部分(part)」→「小さな粒・少量」(ticleは「小さい」という響きで、article「品物・記事」に使われている)

528 ▪▪▪▪▪▪

extract
動[ɪkstrǽkt] **名**[ékstrækt]

動 引き出す 名 エキス

extractは「エキス」のことで、「エキス」→「大事な部分を抜き出したもの」→「引き出す」と覚えよう。

529 ▪▪▪▪▪▪

formula [fɔ́:rmjələ]

名 公式・方法

「形(form)を作るための手順」→「公式・方法」／the formula for calculating speed「速度を求める公式」

530 ▪▪▪▪▪▪

handful [hǽndfùl]

名 一握りの量

a handful of ~「一握りの~」／必ずしも手で握れるものでなくてもOK／a handful of successful investors「少数の成功した投資家」

531

hybrid [háɪbrɪd]

名 雑種

「ハイブリッド車」は「ガソリン車 + 電気で走る車」を「雑種」にたとえた。

532

mutation [mju(:)téɪʃən]

mutate **動** 変化する・突然変異する

名 突然変異

欧米人の青い目は、大昔の a genetic mutation「遺伝子の突然変異」だと言われている。

533

inherent [ɪnhíərənt]

形 本来備わっている・生まれつきの

「中に (in) くっついている (herent)」(動詞 adhere「くっつく」はかつらメーカー「アデランス」の語源)

534

inherit [ɪnhérət]

inheritance **名** 相続・遺伝的形質

動 相続する・(遺伝的に) 受け継ぐ

「中 に (in) 受 け 継 ぐ (herit)」(herit は heredity「遺伝」、heritage「遺産」、heir「相続人」で使われる)

535

identify [aɪdéntəfàɪ]

identification **名** 同一・身分証明書

動 確認する・特定する

訳しづらい単語だが、「何だかわかる・誰だかハッキリする・身元を特定する」というイメージ / UFO は「確認されない (unidentified) 飛行物体 (flying object)」

◁))) **TRACK54** [531-540]

536 ■■■■■■

pregnant [prégnənt]

pregnancy 名 妊娠

形 妊娠した

「赤ちゃんが生まれる前(pre)」→「妊娠した」／be eight months pregnant「妊娠8ヶ月である」

537 ■■■■■■

expecting
[ɪkspéktɪŋ]

形 おめでたの(妊娠中の)

pregnant「妊娠した」という単語は直接的なので、遠回しに expecting a baby「赤ちゃんを待つ」から expecting が残った。

538 ■■■■■■

preservation
[prèzərvéɪʃən]

preserve 動 保存する

名 保護

forest preservation「森林保護」、wildlife preservation「野生生物の保護」

539 ■■■■■■

preventive
[prɪvéntɪv]

prevent 動 妨げる・防ぐ

形 予防の

「妨げる・防ぐ(prevent)ような」→「予防の」／いつも派生語扱いの悲しい単語だが、実は予防・安全・医療などの話で出てくる／preventive measures「予防策」

540 ■■■■■■

regulation
[règjəléɪʃən]

regulate 動 規制する

名 規制・規則

「regular(規則正しい状態)にするのに必要な規制」と覚えよう／「スポーツのレギュラーメンバー」のように「ギュッと絞られたもの」のイメージ。

541

deforestation
[dìfɔ̀:rɪstéɪʃən]

名森林伐採

「森林が育つ・繁栄する (forest) ことを崩す (否定の de)」→「森林の繁栄の逆」→「森林伐採」

542

reproduce
[rì:prəd(j)úːs]

reproduction 名複製・繁殖

動再生する・複製する・繁殖させる

「繰り返し (re) 生産する (produce)」→「再生する」→「(芸術品などを再生) 複製する」→「(子孫を複製) 繁殖させる」

543

revive [rɪváɪv]

動復活する

「再び (re) 生きる (vive=live)」→「復活する」

revival 名復活・再上演

544

harassment
[hərǽsmənt]

harass 動悩ます・苦しめる

名嫌がらせ・悩みの種

「セクシャル・ハラスメント (sexual harassment)」でおなじみの単語。

545

abandon [əbǽndən]

動捨てる

abandon は ban「禁じる」と関連があり、「おもちゃを禁じられた (BAN された) ので、仕方なく捨てる」と覚えよう。

546 ■■■■■■

squeeze [skwíːz]

動 絞る

マヨネーズ・ケチャップのチューブをギュッと絞るイメージ（実際、英語では squeeze a bottle と言う）。

547 ■■■■■■

emphasis [émfəsɪs]

名 強調

put an emphasis on ～「～を強調する」の形が大事（「on 以下に emphasis をズシッと置く」イメージ）。

548 ■■■■■■

emphasize [émfəsàɪz]

動 強調する

「グッと力をこめる」イメージ／emphasize the point「その要点を強調する」で、emphasize を stress に置き換える問題がいくつもの大学で出ている。

549 ■■■■■■

vacate [véɪkeɪt]

vacation 名 休暇

動 空ける

vacation は本来「仕事の予定が空っぽ（vac）」→「休暇」と考えよう／その動詞が vacate「空っぽにする」

550 ■■■■■■

cling [klíŋ]

動 くっつく・しがみつく

「くっつく→しがみつく→固執する」／cling to the belief「その考えに固執する」は岩手大で出た。

551

vulnerable
[vʌ́lnərəbl]

形 弱い・傷つきやすい

「弱い・脆弱な・傷つきやすい・影響を受けやすい」など、「攻撃を受けやすい」イメージ／be vulnerable to ～「～に弱い」の形で超頻出。

552

widow [wídou]

名 未亡人

「夫に先立たれた妻」のこと／window「窓」と勘違いが多い。

553

soak [sóuk]

動 浸す

本来「水を吸う」→「濡らす・浸す」／soak a towel in hot water「タオルを熱湯に浸す」

554

abuse 名[əbjúːs] 動[əbjúːz]

名 乱用・虐待
動 乱用する・虐待する

「普通でない・アブノーマル（ab=abnormal）に使う（use）」→「乱用する・虐待する」

555

alternate [ɔ́ːltərnət]

alter 動 変える

形 交互の

パソコンのキーボードにある Alt キーは alternate のこと（押すたびにキーボードの機能が「交互に」変わる）。

556

alternative
[ɔ:ltə́:rnətɪv]

形 代わりの

「どちらか1つを選ぶべきの」と訳されるが「代わりの」のほうが便利／alternative energy sources「代替エネルギー資源」は北海道大で出た。

557

collaborate
[kəlǽbərèɪt]

collaboration 名 コラボレーション

動 協力する

「一緒に (co) 労働 (labor) する」→「協力する・コラボする」

558

molecule [má:ləkjù:l]

名 分子・微粒子

化学の授業で出てくる「モル (mol)」と関連させて覚えよう。

559

characteristic
[kæ̀rəktərístɪk]

名 特徴

「それぞれのキャラクター (character) が持つ特徴」と覚えよう。

560

misidentify
[mɪsaɪdéntəfàɪ]

動 誤認する

「ミスして (mis) 認識する (identify)」／misidentify the patient「患者を (別の患者と) 取り間違える」

561 ■■■■■■

emission [ɪmíʃən]

名 排出

「外に (e=ex) 送り出す (mit) こと」→「排出（量）」／reduce carbon dioxide[CO_2] emissions「二酸化炭素の排出を減らす」

562 ■■■■■■

emit [ɪmít]

動 発する

「(光・音などを) 出す・発する」／mit「送る」は transmit「伝える」でも使われる。

563 ■■■■■■

steer [stíər]

動 操縦する

車の CM の「軽快なステアリング(steering)」は「楽なハンドルさばき」のこと／steering wheel「操縦するための輪」→「車のハンドル」

564 ■■■■■■

tissue [tíʃuː]

名 (生物の)組織・ティッシュペーパー

「ティッシュ」は「細い繊維で織られたもの」→「(組み立てられた) 組織」(「織」という字つながり) で覚えよう／brain tissue「脳組織」

565 ■■■■■■

political [pəlítɪkl]

politics **名 政治**
politician **名 政治家**

形 政治の

a political party「政党」(party は本来「人の集まり」という意味)／a marriage for political reasons「政略結婚 (政治的な理由での結婚)」

566

refugee [rèfjudʒíː]

refuge 名 避難(所)

名 難民

名詞 refuge は take refuge from a fire「火事から避難する」のように使われる／refugee は「避難する人」→「難民・亡命者」／accept refugees「難民を受け入れる」

567

scarce [skéərs]

scarcely 副 ほとんど〜ない

形 乏しい

scar の音から「スカスカ」なイメージを持とう／scarce medical resources「不十分な医療資源」は慶應大で出た。

568

highlight [háɪlàɪt]

動 目立たせる・マーカーで印をつける

「蛍光ペン (highlighter)」で強調するイメージ／highlight を emphasize に置き換える問題が同志社大で出た。

569

confirm
[kənfə́ːrm]

confirmation 名 確認

動 裏付ける・(本当だと)確認する

「強く (con) 理解を固い状態 (firm) にする」→「確認する」

570

indigenous
[ɪndídʒənəs]

形 固有の・先住民の

「あるグループの中で (in) 生まれた (gene=generate「生み出す」)」→「そのグループに固有の」／indigenous to 〜「〜固有の・〜原産の」

571

infer [ɪnfə́:r]

inference 名 推察

動 推測する

「なんとなく心の中へ (in) 運ばれてくる (fer)」→「推測する」(fer は ferry「フェリー (人・荷物を運ぶもの)」と同語源)

572

infinite [ínfənət]

finite 形 有限の

形 無限の・無数の

「有限 (finite) ではない (否定の in)」→「無限の」

573

limitation [lìmətéiʃən]

limit 動 制限する 名 制限

名 制限・限界

limit は名詞「制限」と動詞「制限する」(特に動詞に注意) だが、limitation は完全な名詞 (英文で出てきたときに意味がわかれば OK)。

574

masculine [mǽskjəlɪn]

形 男性の・男性らしい

「筋肉 (muscle) もりもりなマッチョ (macho)」な感じ (「マッチョ」自体はスペイン語で「男らしい」という意味)。

575

feminine [fémənɪn]

feminism 名 女性解放運動・フェミニズム

形 女性の・女性らしい

ファッション誌でよく使われる「フェミニンな」とは「女性らしい雰囲気の」ということ。

576

mine [máin]

mineral 名 鉱物・ミネラル
mining 名 採鉱・採掘

名 鉱山

「鉱物・ミネラル (mineral)」と関連させて覚えよう。もしくは「鉱山は私のもの」というmine つながりで。

577

mixture [míkstʃər]

mix 動 混ぜる

名 混合

a mixture of different kinds of dried fruit「様々な種類のドライフルーツが混ざったもの」

578

observation
[à:bzərvéiʃən]

observe 動 観察する

名 観察

動詞 observe は多義語だが、本来「じっくり見る」→「観察する」という意味があり、その名詞形。

579

reveal [rivíːl]

動 明らかにする・暴露する

「ベール (veal=veil「布」) を何もかけていない元の状態に (re) する」→「ベールを外す」→「明らかにする」／reveal his secret「彼の秘密をばらす」は早稲田大で出た。

580

staple [stéipl]

形 主要な 名 主要産物

本来「中心にあるもの」で、「メイン・定番」というイメージ／a staple food「主食」

163

581 ▢▢▢▢▢▢

sustain [səstéin]

動 支える・持続させる

「下から (sus) キープする (tain)」→「支える・持続させる」／a sustained effort「持続させられた努力」→「たゆまぬ努力」は千葉大で出た。

sustainable 形 持続可能な

582 ▢▢▢▢▢▢

uncover [ʌnkʌ́vər]

動 発掘する・暴露する

「カバーをかける (cover) ことがない (否定の un)」→「カバーをとる」→「発掘する・暴露する」となった。

583 ▢▢▢▢▢▢

wasteful [wéistfl]

形 無駄の多い

「無駄 (waste) がいっぱいの (ful)」

waste 動 無駄に使う 名 浪費

584 ▢▢▢▢▢▢

incorporate
[inkɔ́:rpərèit]

動 取り入れる・法人にする

「会社 (corporate=corporation) の中に (in) 入れる」→「取り入れる」（「法人にする」とは「(個人ではなく) 会社化する」こと）

585 ▢▢▢▢▢▢

strengthen
[stréŋkθən]

動 強化する

「力 (strength) を中にこめる (en)」→「強化する」／strengthen my legs「足を (鍛えて) 強くする」

strength 名 強さ
strong 形 強い

586 ■■■■■■

tide [táɪd]

名潮・時流

本来「潮（の干満）」→「潮・潮時」→「流れ・傾向」→「世の流れ」→「時流」／実は time と語源が同じ。

587 ■■■■■■

vacuum [vǽkju:m]

名真空

「空っぽ（vac）の状態」→「真空状態」／vacuum cleaner「掃除機」は「真空状態にしてゴミを吸い込む機械」

588 ■■■■■■

abstract [æbstrǽkt]

形抽象的な

「（手元にある具体的な物から本質的なことだけを）離れた（ab）ところに引っ張る（tract）」→「抽象的な」

589 ■■■■■■

enroll [ɪnróul] 🎌

enrollment 名入学

動登録する

「名前を名簿（roll）の中にこめる（en）」→「登録する」（roll は「（ロール状に巻いた）名簿」）／enroll in ～「～に登録する」の形が重要。

590 ■■■■■■

comprehend
[kà:mprɪhénd]

comprehension 名理解

動理解する

「完全に（com）に意味をつかむ（prehend）」→「理解する」（prehend「つかむ」は prison「刑務所（犯罪者をつかむ場所）」と同じ語源）

---

591 ■ ■ ■ ■ ■ ■

awaken [əwéɪkən]

awake 形 目覚めている
動 目覚める・起こす

動 目覚めさせる

「目覚めた状態 (awake) にする (en)」→「目覚めさせる」／I was awakened by the noise.「その騒音で目が覚めた」

---

592 ■ ■ ■ ■ ■ ■

brand-new
[brǽndn(j)úː]

形 真新しい

本当は「焼きたての新鮮な」だが、「ブランド品の新製品」と考えてしまおう／a brand-new smartphone「新品のスマホ」

---

593 ■ ■ ■ ■ ■ ■

vanish [vǽnɪʃ]

動 消える

vacate「空ける」や vacant「空っぽの」と同語源で、「消えて空っぽになる」イメージ／vanish before our eyes「私たちの目の前から消える」

---

594 ■ ■ ■ ■ ■ ■

atom [ǽtəm]

atomic 形 原子の

名 原子

本来「これ以上分割できないもの」→「最も小さい単位」→「原子」

---

595 ■ ■ ■ ■ ■ ■

competent
[káːmpətnt]

compete 動 競争する
competition 名 競争

形 有能な

「競争・コンペ (competition) をすることができるような」→「有能な」／competent IT workers「有能な IT 技術者」

🔊 **TRACK60** [591-600]

596 ■■■■■■

competitive
[kəmpétətɪv]

competitor 名 競争相手・競合企業

形 競争力がある

「競争力がある」とは「ライバルと張り合える・負けない」こと／competitive salary「他社より高い給料」、competitive price「他より安い値段」、それぞれの訳語に注意。

597 ■■■■■■

assess [əsés]

assessment 名 評価

動 評価する・査定する

本来「じっくり座って討論・セッションして(sess=session・seat)考える」→「評価する」／「数字をつけて評価する」イメージ。

598 ■■■■■■

constitute
[ká:nstət(j)ù:t]

動 構成する・占める

「一緒に(con)存在する・立つ(stitute=stand)」→「構成する・占める」／東京理科大で、account for 〜を constitute に書き換える問題が出た。

599 ■■■■■■

defect [dí:fekt]

defective 形 欠点のある

名 欠点

「パーフェクト(perfect=fect)から離れている(否定の de)」→「欠点」／find a defect「欠陥を見つける」

600 ■■■■■■

deficient [dɪfíʃənt]

deficiency 名 不足・欠乏

形 不足している

defect「欠点」と同じ語源で、「足りない・不十分な」イメージ／deficient in 〜「〜において不足している」→「〜がない」

次の(1)～(5)の単語の意味を、①～⑤から選びなさい。

1　(1) **stalk**　(2) **precede**　(3) **mine**　(4) **identical**
(5) **inevitably**

① 必ず　② ～より先に行く・優先する　③ 鉱山　④ 同じ　⑤ こっそり追う

　　　　　　A　(1) ⑤　(2) ②　(3) ③　(4) ④　(5) ①

2　(1) **emission**　(2) **enroll**　(3) **classify**　(4) **competitive**
(5) **mutation**

① 突然変異　② 登録する　③ 排出　④ 競争力がある　⑤ 分類する・機密扱いにする

　　　　　　A　(1) ③　(2) ②　(3) ⑤　(4) ④　(5) ①

3　(1) **refugee**　(2) **withhold**　(3) **separation**　(4) **cling**
(5) **remarkably**

① 分離　② くっつく・しがみつく　③ 難民　④ 目立って・著しく　⑤ 与えない・保留する

　　　　　　A　(1) ③　(2) ⑤　(3) ①　(4) ②　(5) ④

4　(1) **staple**　(2) **vanish**　(3) **grateful**　(4) **shameful**
(5) **deforestation**

① 感謝している　② 消える　③ 主要な／主要産物　④ 森林伐採　⑤ 恥ずべき

　　　　　　A　(1) ③　(2) ②　(3) ①　(4) ⑤　(5) ④

5　(1) **conscience**　(2) **competent**　(3) **applicable**
(4) **virtue**　(5) **masculine**

① 有能な　② 当てはまる　③ 男性の・男性らしい　④ 美徳・長所　⑤ 良心

　　　　　　A　(1) ⑤　(2) ①　(3) ②　(4) ④　(5) ③

6
(1) **expose**　(2) **emphasize**　(3) **assess**
(4) **conveniently**　(5) **indigenous**

① 便利に　② 固有の・先住民の　③ 強調する　④ さらす・暴露する
⑤ 評価する・査定する

A　(1) ④　(2) ③　(3) ⑤　(4) ①　(5) ②

7
(1) **literary**　(2) **economical**　(3) **discourage**
(4) **synthetic**　(5) **regardless**

① 文学の　② がっかりさせる　③ 気にかけない　④ 総合の・合成の　⑤ お得な

A　(1) ①　(2) ⑤　(3) ②　(4) ④　(5) ③

8
(1) **uniquely**　(2) **strip**　(3) **evaluation**　(4) **defect**
(5) **opponent**

① 評価　② 欠点　③ 脱がせる・剥ぎ取る　④ 独特に
⑤ (試合・論争などの)相手・反対者

A　(1) ④　(2) ③　(3) ①　(4) ②　(5) ⑤

9
(1) **participation**　(2) **respectable**　(3) **miserable**
(4) **emphasis**　(5) **exceptional**

① 参加　② 惨めな　③ 立派な・ちゃんとした　④ 強調　⑤ 例外的な・優れた

A　(1) ①　(2) ③　(3) ②　(4) ④　(5) ⑤

10
(1) **breed**　(2) **formula**　(3) **vulnerable**　(4) **upcoming**
(5) **sensible**

① 弱い・傷つきやすい　② 公式・方法　③ 育てる／品種　④ 来たるべき　⑤ 分別がある

A　(1) ③　(2) ②　(3) ①　(4) ④　(5) ⑤

次の(1)〜(5)の単語の意味を、① 〜 ⑤ から選びなさい。

11
(1) remains　(2) tendency　(3) destruction
(4) visible　(5) settlement

① 破壊　② 目に見える　③ 定住・解決　④ 傾向　⑤ 残り・遺跡

A　(1) ⑤　(2) ④　(3) ①　(4) ②　(5) ③

12
(1) personnel　(2) defeat　(3) shipment　(4) exposure
(5) expecting

① 積み荷・発送　② 職員　③ おめでたの（妊娠中の）　④ 打ち負かす／敗北
⑤ さらすこと・さらされること

A　(1) ②　(2) ④　(3) ①　(4) ⑤　(5) ③

13
(1) attribute　(2) molecule　(3) edible　(4) primary
(5) literacy

① 最初の・重要な　② 分子・微粒子　③【参考】結果を帰する　④ 食べられる
⑤ 読み書きの能力（識字）・使いこなす能力

A　(1) ③　(2) ②　(3) ④　(4) ①　(5) ⑤

14
(1) verify　(2) literate　(3) accuse　(4) typically
(5) controversy

① 論争　② 読み書きできる　③ 責める・告訴する　④ 一般的に
⑤ （真実だと）証明する・確かめる

A　(1) ⑤　(2) ②　(3) ③　(4) ④　(5) ①

15
(1) strengthen　(2) infer　(3) political　(4) confront
(5) simulate

① 強化する　② 政治の　③ 推測する　④ 直面させる
⑤ ふりをする・シミュレーションする

A　(1) ①　(2) ③　(3) ②　(4) ④　(5) ⑤

16
(1) **constitute**   (2) **brand-new**   (3) **abandon**
(4) **vacate**   (5) **principal**

① 主要な・重要な／校長   ② 捨てる   ③ 構成する・占める   ④ 空ける   ⑤ 真新しい

A   (1) ③   (2) ⑤   (3) ②   (4) ④   (5) ①

17
(1) **cite**   (2) **collaborate**   (3) **detect**   (4) **virtually**
(5) **withdraw**

① 協力する   ② 引用する   ③ 見つけ出す   ④ 事実上   ⑤ 引っ込める・撤退する

A   (1) ②   (2) ①   (3) ③   (4) ④   (5) ⑤

18
(1) **harassment**   (2) **abuse**   (3) **altogether**
(4) **preventive**   (5) **endow**

① 乱用・虐待／乱用する・虐待する   ② 授ける   ③ 完全に・全部で
④ 嫌がらせ・悩みの種   ⑤ 予防の

A   (1) ④   (2) ①   (3) ③   (4) ⑤   (5) ②

19
(1) **conditional**   (2) **incorporate**   (3) **abundant**
(4) **side effect**   (5) **squeeze**

① 絞る   ② 副作用・(ワクチンの)副反応   ③ 豊富な   ④ 条件付きの
⑤ 取り入れる・法人にする

A   (1) ④   (2) ⑤   (3) ③   (4) ②   (5) ①

20
(1) **relieve**   (2) **exceptionally**   (3) **subjective**   (4) **tide**
(5) **assure**

① 例外的に・非常に   ② 取り除く・安心させる   ③ 潮・時流   ④ 保証する   ⑤ 主観的な

A   (1) ②   (2) ①   (3) ⑤   (4) ③   (5) ④

次の(1)～(5)の単語の意味を、①～⑤から選びなさい。

21
(1) **limitation**　(2) **vacuum**　(3) **indispensable**
(4) **overwhelm**　(5) **steer**

① 操縦する　② 制限・限界　③ 必要不可欠な　④ 圧倒する　⑤ 真空

A　(1) ②　(2) ⑤　(3) ③　(4) ④　(5) ①

22
(1) **invisible**　(2) **misidentify**　(3) **traumatic**　(4) **hybrid**
(5) **dispute**

① 目に見えない　② 議論する／議論・討論　③ 心を苦しめるような　④ 誤認する
⑤ 雑種

A　(1) ①　(2) ④　(3) ③　(4) ⑤　(5) ②

23
(1) **signify**　(2) **inherit**　(3) **minister**　(4) **widow**
(5) **cellular**

① 相続する・(遺伝的に)受け継ぐ　② 大臣　③ 意味する・重要である　④ 未亡人
⑤ 細胞の・携帯電話式の

A　(1) ③　(2) ①　(3) ②　(4) ④　(5) ⑤

24
(1) **sustain**　(2) **considerate**　(3) **implication**
(4) **update**　(5) **preservation**

① 最新のものにする／最新情報・更新　② 暗示・影響・結果　③ 保護
④ 支える・持続させる　⑤ 思いやりがある

A　(1) ④　(2) ⑤　(3) ②　(4) ①　(5) ③

25
(1) **neat**　(2) **equip**　(3) **vice**　(4) **decisive**
(5) **tissue**

① 備え付ける　② 決定的な　③ きちんとした　④ 悪・欠点／副の
⑤ (生物の)組織・ティッシュペーパー

A　(1) ③　(2) ①　(3) ④　(4) ②　(5) ⑤

26
(1) **deprive**　(2) **mitigate**　(3) **confirm**
(4) **regulation**　(5) **alternative**

① 規制・規則　② 和らげる・軽くする　③ 代わりの　④ 裏付ける・(本当だと)確認する
⑤ 奪う

A　(1) ⑤　(2) ②　(3) ④　(4) ①　(5) ③

27
(1) **ultimately**　(2) **reproduce**　(3) **crucial**
(4) **considerable**　(5) **controversial**

① 賛否両論ある　② 最終的には　③ 再生する・複製する・繁殖させる　④ かなりの
⑤ 重要な・決定的な

A　(1) ②　(2) ③　(3) ⑤　(4) ④　(5) ①

28
(1) **respectful**　(2) **prospect**　(3) **characteristic**
(4) **stem**　(5) **argument**

① 議論・主張・口げんか　② 尊重した　③ 見込み・展望・有望な人　④ 茎／生じる
⑤ 特徴

A　(1) ②　(2) ③　(3) ⑤　(4) ④　(5) ①

29
(1) **pregnant**　(2) **feminine**　(3) **deficient**
(4) **particle**　(5) **inherent**

① 本来備わっている・生まれつきの　② 不足している　③ 妊娠した　④ 小さな粒・少量
⑤ 女性の・女性らしい

A　(1) ③　(2) ⑤　(3) ②　(4) ④　(5) ①

30
(1) **comprehend**　(2) **awaken**　(3) **soak**　(4) **impulse**
(5) **sensitive**

① 理解する　② 目覚めさせる　③ 敏感な・影響を受けやすい　④ 浸す　⑤ 衝動

A　(1) ①　(2) ②　(3) ④　(4) ⑤　(5) ③

次の(1)〜(5)の単語の意味を、①〜⑤から選びなさい。

31
(1) **old-fashioned**　(2) **tremble**　(3) **unexpected**
(4) **wasteful**　(5) **roughly**

① 思いがけない　② 古い・時代遅れの　③ 乱暴に・おおよそ　④ 無駄の多い　⑤ 震える

A　(1) ②　(2) ⑤　(3) ①　(4) ④　(5) ③

32
(1) **withstand**　(2) **critical**　(3) **unstable**　(4) **reward**
(5) **flame**

① 報いる／報酬　② 炎　③ 不安定な　④ 批判的な・重要な　⑤ 耐える

A　(1) ⑤　(2) ④　(3) ③　(4) ①　(5) ②

33
(1) **visualize**　(2) **highlight**　(3) **industrious**　(4) **lively**
(5) **concerning**

① 元気な・活発な　② 視覚化する・思い浮かべる　③ 〜に関して　④ 勤勉な
⑤ 目立たせる・マーカーで印をつける

A　(1) ②　(2) ⑤　(3) ④　(4) ①　(5) ③

34
(1) **significance**　(2) **reveal**　(3) **betray**　(4) **intrigue**
(5) **emit**

① 興味を持たせる　② 発する　③ 裏切る　④ 意義・重要性　⑤ 明らかにする・暴露する

A　(1) ④　(2) ⑤　(3) ③　(4) ①　(5) ②

35
(1) **persist**　(2) **literal**　(3) **mixture**　(4) **unforgettable**
(5) **handful**

① 文字通りの　② 忘れられない　③ 混合　④ 一握りの量　⑤ 続く・固執する

A　(1) ⑤　(2) ①　(3) ③　(4) ②　(5) ④

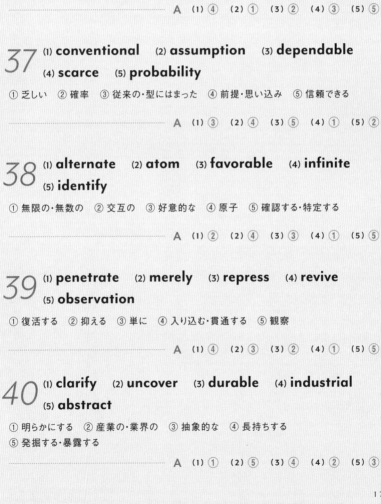

36 (1) resolve (2) extract (3) affordable (4) furnish (5) evident

① 引き出す／エキス ② 手頃な ③ 備え付ける ④ 解決する・決心する ⑤ 明らかな

A (1) ④ (2) ① (3) ② (4) ③ (5) ⑤

37 (1) conventional (2) assumption (3) dependable (4) scarce (5) probability

① 乏しい ② 確率 ③ 従来の・型にはまった ④ 前提・思い込み ⑤ 信頼できる

A (1) ③ (2) ④ (3) ⑤ (4) ① (5) ②

38 (1) alternate (2) atom (3) favorable (4) infinite (5) identify

① 無限の・無数の ② 交互の ③ 好意的な ④ 原子 ⑤ 確認する・特定する

A (1) ② (2) ④ (3) ③ (4) ① (5) ⑤

39 (1) penetrate (2) merely (3) repress (4) revive (5) observation

① 復活する ② 抑える ③ 単に ④ 入り込む・貫通する ⑤ 観察

A (1) ④ (2) ③ (3) ② (4) ① (5) ⑤

40 (1) clarify (2) uncover (3) durable (4) industrial (5) abstract

① 明らかにする ② 産業の・業界の ③ 抽象的な ④ 長持ちする
⑤ 発掘する・暴露する

A (1) ① (2) ⑤ (3) ④ (4) ② (5) ③

1000単語習得法が生まれた 高2の夏（前編）

　高2の頃、僕は辞書を引くのが面倒すぎて、ある日「辞書を全部覚えれば引かなくていいよな？　で、俺は無敵になるよな？」という中2病のような考えがよぎり、辞書を最初のαから全部覚えようとしました。しかしその野望も1時間くらいでabracadabra（アブラカダブラという呪文）という単語が出てきたときに「やってられるか！」と思い、やめてしまいました。

　ただ、単語はやらないといけないわけですから、次は単語帳を覚えることにしました（学校は放任主義だったので、初めて単語帳を買いました）。ただ、僕の性格から考えて、コツコツ続けることは不可能であり、飽きる前に終わらせるために5日で勝負をつけようと企みました（まだ中2病）。その単語帳は2000個くらいで、それを5日で割って1日400個覚えることにしましたが、実際、しっかりやってみると、1時間で50個くらいしか進みません。そのペースでは1日8時間かかるので、あっさりと目標を半分（1日200個）にして、単語に目を通すペースも変える（上げる）ことにしました。それが1時間100個に目を通すペースです。これで「1日2時間で200個、5日で1000個に到達する」計画になったのです。

※続きは226ページ

ZONE

[単語601～800]

	DATE	NOTE
Set 1	/	
Set 2	/	
Set 3	/	
Set 4	/	
Set 5	/	
Set 6	/	

ZONE 4

601
dismiss [dɪsmís]

動解雇する・却下する

「離れたところへ (dis) 送る (miss)」→「解雇する・却下する」／dismiss A as B「AをBとして却下する」

602
ignorance [ígnərəns]

ignore 動無視する
ignorant 形無知の

名無知

He was ashamed of his ignorance.「彼は自分の無知を恥じていた」

603
enforce [ɪnfɔ́:rs]

enforcement 名（法律の）施行

動施行する

「力 (force) を中に込める (en)」→「押し付ける・強要する」→「施行する」／enforce the law「法律を施行する」

604
initiative
[ɪníʃiətɪv]

initiate 動始める

名主導権・戦略

「イニシアチブを取る」は「率先して主導権を取る」こと／今後の入試では「主導権を取って行う計画」→「計画・戦略」も大事。

605
merger [má:rdʒər]

merge 動合併する

名合併

ニュースで出てくる「M&A」は mergers and acquisitions「合併と買収」のこと。

606

domain [douméin]

名所有地・領域

ネット用語の「ドメイン」は「サイトという所有地」のこと/「所有地」→「(学問の)領域・専門分野」/outside my domain「私の専門外」

607

experienced [ıkspíəriənst]

形経験豊富な

過去分詞「(たくさんの)経験をさせられた」→「経験豊かな」と考えよう。

experience 名経験 動経験する

608

patent [pætnt]

名特許 動特許権を取る

最近の入試ではより重視される単語/patent an invention「ある発明品の特許を取る」

609

formation [fɔ:rméɪʃən]

名構成・形成

サッカーやダンスの「フォーメーション」は「全体の構成・ある形を作ること」/the formation of ice crystals「氷結晶の形成」

form 動形成する

610

misguided [mìsgáɪdɪd]

形見当違いの

「気持ちを誤った・悪い(mis)方へガイド(guide)された」→「見当違いの」

misguide 動誤ったほうへ導く

611

heighten [háɪtn]

動 高める

height **名** 高さ

「高さ (height) を中に込める (en)」→「(気持ちなどを) 高める」

612

duplication
[d(j)ù:plɪkéɪʃən]

名 複製

duplicate **形** 複写の **動** 複写する

「2 重に (du) 重ねた (plic) 状態にする」→「複製する」(du「2」は duet「デュエット」で使われている)

613

implement
[ímpləmènt]

動 実行する

「中に (im) 重ねて (ple) 取り入れる」→「実行する」／implement＝carry out「実行する」と覚えるのもアリ。

614

enlarge [ɪnlá:rdʒ]

動 拡大する

「大きい (large) 状態にする (en)」→「拡大する」／enlarge the image「画像を拡大する」

615

pension [pénʃən]

名 年金

「ペンション (小さな宿)」の意味もあるが無視して OK で、「年金」をチェック／live on a pension「年金生活をおくる」(依存の on)

ZONE 4

20 /200

🔊 TRACK 62 [611-620]

616

enrich [ɪnrítʃ]

動 豊かにする

「豊かな・リッチな (rich) 状態にする (en)」
→「豊かにする」

617

practical [prǽktɪkl]

形 実用的な

「実行する (practice) ときに役立つ」→「実
用的な・現実的な」／a practical solution
「実用的な解決策」

618

foster [fɔ́:stər]

動 育てる

「食べ物 (fo=food) を与える」→「育てる」
／実際に「育てる」の他に、foster
creativity「創造力を育てる」という使い方
も OK

619

monotone
[mɑ́:nətòun]

名 単調

「1つ (mono) の音色・トーン (tone)」→「単
調」（よくよく漢字を見たら「単一の調べ」という
意味）

620

monotonous
[mənɑ́:tənəs]

形 単調な

「1つ (mono) のトーンの (tone)」→「単調な」
で意味は問題ないが、発音には注意／a
monotonous voice「単調な口調」（感情がこ
もらない話し方）

---

621 ■■■■■■

testify [téstəfàɪ]

動 証言する

test「テスト」は本来「(実力を)試す・証明する」という意味で、「証明・証言 (test) をする (ify)」→「証言する」

---

622 ■■■■■■

ownership [óunərʃɪp]

owner 名 所有者

名 所有者であること

「所有者・オーナー (owner) である身分 (ship)」→「所有者であること・所有権」(なんとなくわかるけど、正確な意味を聞くと受験生はまず答えられない)

---

623 ■■■■■■

flourish [flə́ːrɪʃ]

動 繁栄する

「花 (flour=flower) が開く」→「繁栄する・繁盛する」／ flourish in Japan「日本で繁栄する」

---

624 ■■■■■■

innate [ɪnéɪt]

形 生まれながらの・固有の

「体の中に (in) もって生まれる (nate=native)」→「生まれつきの」／ innate to humans「人間が生まれながらに所有している (能力)」

---

625 ■■■■■■

poetry [póuətri]

poem 名 (1編の) 詩
poet 名 詩人

名 詩

「1つの詩」は a poem (可算名詞) だが、poetry は「poem の集合」→「詩というもの全般」(不可算名詞)

626

pose [póuz]

動 置く・(問題を)提起する

本来「置く」→「質問・問題を置く」→「提起する」／一応そのまま「ポーズをとる」という意味もある。

627

misbehavior
[mìsbɪhéɪvjər]

名 非行・不作法

「誤った・悪い (mis) 行動 (behavior)」→「非行・不作法」／ scold a child for misbehavior「子どもを悪さ(悪い行動)をしたことで叱る」

628

prominent
[prá:mənənt]

prominence 名 目立つこと

形 目立った・有名な

「写真を撮るときに前に出て (pro) 目立つ」イメージ。「目立つ」→「良い意味で目立つ」→「有名な」

629

synthesize [sínθəsàɪz]

synthesis 名 統合・合成
synthetic 形 統合の・合成の

動 総合する・合成する

「シンセサイザー」は「音を統合・総合・合成する電子楽器」

630

recruit [rɪkrú:t]

動 新しく入れる 名 新人

「人を採用することで再び (re) 良くなる」→「新しく入れる」／名詞は「新入生・新入社員・新会員」などなので、まとめて「新人」と覚えよう。

631

outnumber
[àutnΛmbər]

動 ～より数が多い

"out+動詞"は「～よりもっと動詞」の法則がある(例：outgrow「～より成長する」)／In engineering, men still outnumber women. 「工学ではまだ男性の方が女性より多い」

632

stimulating
[stímjəlèıtıŋ]

stimulate 動 刺激する

形 刺激的な

「刺激する(stimulate)ような」→「刺激的な・興味ある・やる気を起こさせる」/「興味・やる気のスイッチを押してくれる」イメージ。

633

exceed [ıksí:d]

excess 名 超過 形 余分な

動 超える

「普通よりも外へ(ex)進む(ceed)」→「超える」／exceed our expectations「我々の期待を超える」は立教大で出題。

634

insight [ínsàıt]

名 洞察力・見識

「心の中(in)を見る(sight)」→「洞察力(複雑なことを深く正確に理解する力)」／insight into ～「～に対する洞察力」

635

promising
[prá:məsıŋ]

promise 動 約束する

形 前途有望な

よく「将来を約束された」と訳されるが、それでは promised と勘違いしやすいので、「明るい未来を promise する」→「前途有望な」と覚えよう。

636

talented [tǽləntɪd]

talent 名 才能

形 才能のある

(talent という単語に動詞の用法はないが)「神から才能 (talent) を与えられた」→「才能のある」と考えよう。

637

overlook
[òuvərlúk]

動 見渡す・大目に見る・見落とす

「向こう (over) を見る (look)」→「見渡す」/わざと向こうを見れば「大目に見る」、うっかり向こうを見ちゃえば「見落とす」

638

adolescence
[ædəlésns]

adolescent 形 青春期の
　　　　　 名 青春期の人

名 青春期

adult「大人」に なる 途中段階がadolescence という単語/だいたい 13 〜 17 才くらいの時期を指す (思春期〜成人するまでの期間)。

639

infamous
[ínfəməs]

famous 形 有名な

形 悪名高い

famous「有名な」に否定の in がくっついているが、「無名な」ではないことに注意/「悪さして逆に有名」と考えよう。

640

trustworthy
[trʌ́stwə̀:rði]

worth 前 〜の価値がある
worthy 形 価値がある

形 信頼できる

「信頼 (trust) に値する (worthy)」→「信頼・信用できる」/a trustworthy friend「信頼できる友達」

641

unprecedented
[ʌnprésədentɪd]

形先例のない

動詞 precede は「先に (pre) 行く (cede=go)」→「先行する」で (460番)、unprecedented は「先にいく・先例がある (precedented) + 否定の un」

642

workforce
[wə́:rkfɔ̀:rs]

名労働人口

「仕事・労働 (work) の力 (force)」→「労働力」／Japan's workforce is shrinking.「日本の労働人口が縮小している」

643

testimony [téstəmòuni]

名証言

「(裁判での) 証言」で使われることが非常に多い／give testimony「証言する」

644

agenda [ədʒéndə]

名議題

本来「すべきこと」→「会議の議題・業務の予定表」／ビジネスで「今日のアジェンダ」と使われることがある。

645

perspective
[pərspéktɪv]

名観点・全体像

「物の見方・視点・観点」や「全体の見通し・全体像」を表す／a fresh perspective on this problem「この問題に関する新しいものの見方」

646 ■■■■■■

depress [dɪprés]

depressed 形 落胆した・不景気の

動 落胆させる

本来「気持ちを下へ (de) press (押す)」／「ア
ガる」の反対で、「意気消沈・激萎え」とい
う感じ／That song depresses me.「あの曲
を聞くと気持ちが落ちる」

647 ■■■■■■

depression [dɪpréʃən]

名 うつ病・不況

「下に (de) 押す (press)」で、「心を下に押す」
→「うつ病」、「経済的に下に押す」→「不況」
／the Great Depression「(1929 年からの)
世界大恐慌」

648 ■■■■■■

boost [bú:st]

動 高める

boom「ブーム・急上昇」(49 番) と関連があ
り、「グ〜っと高まる」イメージ／boost
output「生産性を上げる」は中央大で出た。

649 ■■■■■■

republic [rɪpʌ́blɪk]

名 共和国

「共和国」は「主権が国民 (public) にあり、(君
主ではなく) 国民の代表が統治する国」／
the French Republic「フランス共和国」

650 ■■■■■■

contract [káːntrækt]

名 契約

「両者が一緒に (con) 引っ張りあう (tract)」
→「お互いが自分の都合の良いように引っ
張り合いながら判を押すもの」→「契約」

---

651 ■ ■ ■ ■ ■ ■

depict [dɪpíkt]

動 描く

「強く（強調の de）絵を描く（pict=picture）」
→「描く・描写する」

---

652 ■ ■ ■ ■ ■ ■

reschedule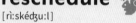
[rì:skédʒu:l]

動 予定を変更する

ビジネスでもはや普通に使われる「リスケ
する」は「再び（re）スケジュールを組む
（schedule）」こと。

---

653 ■ ■ ■ ■ ■ ■

ensure [ɪnʃúər]

動 確実にする・確かめる

「確実な（sure）状態にする（en）」→「確実
にする・確かめる」／ensure passenger
safety「乗客の安全を確保する（確実にする）」

---

654 ■ ■ ■ ■ ■ ■

antique [æntí:k]

形 古風な

「アンティーク家具（antique furniture）」とは
「古い（骨董風の）家具」

---

655 ■ ■ ■ ■ ■ ■

mammal [mǽml]

名 哺乳類

「ママ（mama）の母乳で育つ生き物」→「哺
乳類」となりました（嘘のようで本当の語源で
す）／A whale is a mammal.「クジラは哺
乳類です」

---

656 ■■■■■■■

transition [trænzíʃən]

名 移り変わり

「移動（trans）していくこと」→「時間の移動・移り変わり」／transition from A to B「AからBへの移行」という形でよく使われる。

657 ■■■■■■■

ingenious [ɪndʒí:njəs]

形 独創的な

genius 名 才能

「人の中に（in）才能・天才（geni=genius）がある」→「才能溢れる・利口な・独創的な」／こっちの in は普通に「中」で OK

658 ■■■■■■■

surpass [sə:rpǽs]

動 超える

「上を（sur）過ぎ去る・パスする（pass）」→「超える」／exceed に書き換える問題は山形大で出題。

659 ■■■■■■■

revival [rɪváɪvl]

名 回復・復活

revive 動 復活する

「映画のリバイバル」は「再上映」のこと／「再び（re）生きる（vive=live）こと」→「蘇生・回復・復活・復興」

660 ■■■■■■■

extinction [ɪkstíŋkʃən]

名 絶滅

extinct 形 消えた・絶滅した

「この世から消す（extinguish）こと」→「消えること」→「絶滅・消滅」／the extinction of the dinosaurs「恐竜の絶滅」

661

intuition [ìnt(j)uíʃən]

名 直感

「頭の中 (in) から躊躇なく(tuition の音が「躊躇」に似ているということで) 出てくる」→「直感」くらいに覚えてしまおう。

662

legislation
[lèdʒɪsléɪʃən]

legislate **動** 法律を制定する

名 立法・法律

「立法」は「法律を制定すること」／ニュースで頻繁に出てくる。

663

manuscript
[mǽnjəskrìpt]

script **名** 脚本

名 原稿

「手で書いた (manu=manual) 原稿 (script)」→「原稿・写本」

664

coordinate
[kouɔ́:rdənèit]

動 調和させる

洋服の「コーディネート」は「服装全体を調和させること」

665

norm [nɔ́:rm]

normal **形** 普通の

名 規範

形容詞 normal「ノーマルの・普通の」から、「(普通はこれくらいやるべきという) 基準・規範」

666

aging society
[éɪʤɪŋ səsáɪəti]

age 名 年齢 動 年をとる

名 高齢化社会

age には動詞「年をとる」があり、その -ing
形が aging／「アンチエイジング（老化防止）」
でも aging が使われている。

667

principle [prínsəpl]

名 原則

Archimedes' principle「アルキメデスの
原理」／「個人の原理」→「信念」という意
味もある ／ in principle「原則的に」

668

divine [dɪváɪn]

形 神聖な

divine power「神聖な力（神の域の力）」はア
ニメで使われることがある。

669

surrender [səréndər]

動 降伏する

surrender in World War II「第二次世界大
戦で降伏する」／surrender to terrorism「テ
ロに屈する」

670

revise [rɪváɪz]

revision 名 改訂

動 改訂する

「再び (re) 見る (vise=vision)」→「（見直して）
変える・改訂する・改正する」

671

subscribe

[səbskráıb]

動 署名する・定期購読する

「申し込み用紙の下 (sub) に名前を書く (scribe)」→「署名する・定期購読する」(scribe「書く」は「スクリプト (script)」と関連あり)

672

subscription

[səbskrípʃən]

名 定期購読

「サブスクリプションサービス」でおなじみの言葉だが「見放題」や「動画」ではなく、本来「定期購読・予約購読」のこと。

673

imitation [ìmətéıʃən]

imitate **動** まねる

名 偽物

「ブランド品のイミテーション」は「偽物」のこと／単に「真似すること・模倣」という意味もあるので余裕があればチェックを。

674

bully [búli]

bullying **名** いじめ

動 いじめる 名 いじめっ子

bull「雄牛」や bulldog「ブルドッグ」と関連させて、bully は「怖い人」→「いじめっ子・いじめる」と覚えよう。

675

arrest [ərést]

動 逮捕する 名 逮捕

rest「休憩」と語源が同じで「(犯罪者を刑務所で) 休憩させる・足止めする」→「逮捕する」と考えよう。

676

broaden [brɔ́:dn]

broad 形 広い

動 広くする

「広い (broad) 状態にする (en)」→「広くする」／broaden one's horizons「視野を広げる」

677

unconditional [ʌ̀nkəndíʃənl]

形 無条件の

「無条件の」で OK だが「絶対の・完全の・何があっても」などの意訳が可能／unconditional love「(親から子などへの) 無条件の愛」

678

negotiate [nəgóuʃièit]

negotiation 名 交渉
negotiator 名 交渉人

動 交渉する

「タフネゴシエイター (tough negotiator)」は「やり手の交渉人」／negotiate with 人 about ～「～について人と交渉する」

679

criteria [kraɪtíəriə]

名 基準

本来は criterion という単語で、その複数形がこの criteria だが、圧倒的に criteria のほうが使われるので、こっちで覚えておこう。

680

illegal [ɪlí:gl]

legal 形 合法の・法律の
illegally 副 違法に

形 違法の

僕が高校生のとき「legal の対義語は?」と当てられて、答えられず悔しい思いをした単語(君たちが僕の代わりにリベンジしてくれ)。

681

violate [vάɪəlèɪt]

動 違反する・侵害する

「暴力 (violence) 的に扱う」→「違反する・侵害する」／violate the rules「ルールを破る」で、break に書き換える問題は関西外国語大で出題。

682

violation [vàɪəléɪʃən]

名 違反・反則

スポーツで「反則」を「バイオレーション」と言うこともある／a violation of the city law「市民法を破ること」は青山学院大で出題。

683

widen [wάɪdn]

動 広くする

「広い (wide) 状態にする (en)」→「広くする」／widen=broaden と考えて OK

wide **形** 広い

684

witness [wítnəs]

名 目撃者・証拠
動 目撃する・証言する

a witness to the accident「その事故の目撃者」

685

acquisition [ækwəzíʃən]

名 獲得・買収

M&A とは mergers and acquisitions「（企業の）合併と買収（会社の獲得）」／長文では language acquisition「言語獲得」がよく出てくる。

acquire **動** 獲得する

686

institute [ínstət(j)ùːt]

institutional 形 制度上の
institution 名 機関・制度

動 設立する 名 研究所・協会

「中に (in) 立てる (stitute=stand)」→「設立する」→「設立された団体」→「研究所・協会」

687

convict
動 [kənvíkt] 名 [káːnvɪkt]

conviction 名 有罪判決・確信

動 有罪判決を下す 名 囚人

「強く (con) 勝つ (vict=victory)」→「相手に勝つ」から「被告を有罪とする」となった。

688

plot [plάːt]

名 (小説などの) 筋・陰謀

「話の流れ・展開」のようなイメージで、最近は日本語でも「話のプロットを考える」のように使われることがある。

689

affair [əféər]

名 事柄・問題

「ゴチャゴチャした物事」というイメージで、current affairs「時事問題」から、「情事 (浮気)」まで使われる。

690

subsequent
[sʌ́bsɪkwənt]

subsequently 副 次に続いて

形 その後の・その次に続く

subsequent to 〜「〜に対して次に続く」の形が大事／subsequent to the election「選挙の後の」

691

collapse [kəlǽps]

動崩壊する

「ガタガタ崩れ落ちる」イメージ／fall through（主語は plan「計画」）を collapse に書き換える問題が青山学院大で出題。

692

boundary [báundəri]

名境界

まずは「境界」を覚えよう／「国境（national boundary）」の意味から発展して、「能力などの境界」→「限界」の意味にもなる。

693

complimentary [kà:mpləméntəri]

compliment 名褒め言葉

形無料の

「褒め言葉（compliment）のように相手を持ち上げるサービスの」→「無料の」／complimentary drinks「無料の飲み物」

694

satisfactory [sætəsfæktəri]

satisfy 動満足させる
satisfaction 名満足

形満足のいく

本来「満足させるような」という意味の形容詞です（品詞に注意）／satisfactory results「満足いく結果」／satisfied「満足している」としっかり区別を。

695

authentic [ɔ:θéntɪk]

authenticity 名本物であること

形本物の・信頼できる

「何かを通していない、直の・自らの（aut=auto「自分の」）」→「本物の」→「（本物だから）信頼できる」

696 ■ ■ ■ ■ ■ ■

derive [dɪráɪv]

動 由来する

本来「川 (rive=river) から水を引く」→「元々は川の水からきている・由来する」／derive from ～「～に由来する」の形が重要。

697 ■ ■ ■ ■ ■ ■

disabled [dɪséɪbld]

形 障がいがある・障がい者用の

従来の handicapped「ハンデがある」は差別的とされており、disabled や physically challenged「(直訳) 肉体的に困難をおった」などを使う。

698 ■ ■ ■ ■ ■ ■

prompt [prá:mpt]

promptly 副 素早く・(時間)ちょうどに

形 素早い

「すぐにポンっとリアクションが素早く出てくる」イメージ／a prompt response「迅速な対応」

699 ■ ■ ■ ■ ■ ■

dominant [dá:mənənt]

dominate 動 支配する
dominance 名 優位

形 支配的な

「上から覆いかぶさって仕切ってしまう」イメージ／dominant trait「顕性形質」(遺伝の話で以前は「優性」と呼ばれていた)

700 ■ ■ ■ ■ ■ ■

fancy [fǽnsi]

形 高級な・豪華な

fantasy「ファンタジー・空想」と関連アリ／「空想するほど高級でオシャレ」というイメージ／a fancy dress「高級なドレス」

701 ■ ■ ■ ■ ▢ ■

slavery [sléɪvəri]

slave 名 奴隷

名 奴隷制度

slave「奴隷」はスラブ人が奴隷にされたのが由来／slave は知っていても slavery を知らない受験生がものすごく多いのでしっかりチェックしておこう。

702 ■ ■ ■ ■ ▢ ■

feudal [fjúːdl]

形 封建的な

the feudal system「封建制度」(上下関係を重視して、位の高い人が低い人に土地を分け与える制度)

703 ■ ■ ■ ■ ▢ ■

abolish [əbáːlɪʃ]

動 廃止する

「離れたところへ (ab) シュッと消す (sh の音とこじつけて)」くらいに考えよう／abolish slavery「奴隷制度を廃止する」／do away with ～ に書き換える問題は入試超頻出。

704 ■ ■ ■ ■ ▢ ■

conspire [kənspáɪər]

動 たくらむ

「一緒に (con) 息をする (spire)」→「同志として悪いことをたくらむ」→「共謀する・たくらむ」／conspire to ～「～することをたくらむ」

705 ■ ■ ■ ■ ▢ ■

intake [íntèɪk]

名 摂取量・受け入れ

熟語 take in「取り入れる」から生まれた単語／one's daily intake of calcium「1日のカルシウム摂取量」

706

justify [ʤʌ́stəfàɪ]

動正当化する

「公平な・正当な (just) 状態にする (ify)」
→「正当化する」／justify his actions「彼
がとった行動を正当化する」

707

oppress [əprés]

oppression 名圧迫

動圧迫する

「反対して (op=oppose) 押す (press)」→「圧
迫する」／「心を圧迫する」→「苦しめる」
の意味もある。

708

longevity 注
[lɑːnʤévəti]

名長寿・寿命

日本紹介では欠かせない単語（高齢化や、年
越しそば・初詣などはことごとく「長寿を願う」
意味があるため）。

709

contemporary
[kəntémpərèri]

形同時代の・現代の

「一緒の (con) 時間・テンポ (tempo)」→「同
時代の」→「今の自分たちと同時代の」→「現
代の」

710

multilingual
[mʌ̀ltilíŋgwəl]

multilingualism 名多言語使用・
多言語主義

形多言語の
名多言語を話す人

「たくさんの (multi) 言語の (lingual)」／ち
なみに bilingual は「2つの言語を使用する
人」

711

noble [nóubl]

形 高貴な

「穏やかで気品が漂う」イメージ／be of noble birth「高貴の生まれである」（起源の of「〜から・〜出身の」）

712

obscure [əbskjúər]

形 あいまいな　動 覆い隠す

「ボンヤリしてあいまいな」イメージ／an obscure explanation「わかりにくい説明」

713

learned [lə́:rnɪd]

形 学識がある・学習や経験で身についた（後天的な）

「ものすごく学習した」→「学識がある」／「学習や経験で身についた（後天的な）」という意味もある（この場合の発音は「ラーンド」）。

714

prehistoric [prì:hɪstɔ́:rɪk]

形 有史以前の

「歴史の（historic）前の（pre）」→「有史以前の（人が書き記した歴史以前の）」

715

proficiency [prəfíʃənsi]

proficient 形 上手な

名 技量

よく「熟達」と訳されるが、「技量」という訳のほうが便利／proficiency in 〜「〜における技量」

716 ■■■■■■

comply [kəmpláɪ]

compliance 名 従うこと

動 従う・応じる

「コンプライアンス（compliance）」は「企業が法令を守る・従う・応じること」／comply with ～「～に応じる」

717 ■■■■■■

enhance [ɪnhǽns]

動 高める

「高い（hance＝high）状態にする（en）」→「高くする」／enhance literacy「読み書きの能力を高める」／最近、入試でやたらと狙われる単語。

718 ■■■■■■

restrain [rɪstréɪn]

動 抑える・やめさせる

「こみ上げてくる感情を何度も（re）引き締める・引っ張る（strain）」→「抑える」／restrain 人 from -ing「人が～するのを抑える・やめさせる」が重要。

719 ■■■■■■

intensive [ɪnténsɪv]

形 激しい・集中的な

大学などで使われる「インテンシブコース」は「集中講座」のこと／病院の ICU は intensive care unit「集中治療室」

720 ■■■■■■

ruin [rúːɪn]

動 破滅させる 名 破滅・遺跡

「崩壊してグチャグチャになった」イメージ／動詞は「台無しにする・ダメにする」という意味でも使われる／名詞は「破滅」→「滅びた場所」→「遺跡」（複数形 ruins で使われる）

721 ■■■■■■

slang [slǽŋ]

名俗語

「俗語」は「日常で使う崩れた言葉」／slang for A「Aを意味する俗語・スラング」(交換の for「〜と交換できる」)

722 ■■■■■■

ambiguous [æmbígjuəs]

形あいまいな

本来「どちらの意味にも取れる」→「あいまいな」で、「ボヤけた、フラフラした」イメージ／ウィキペディアの「あいまいさ回避」は英語で disambiguation

723 ■■■■■■

suppress [səprés]

動抑える

「下に (sup=sub) 押す (press)」→「抑える」／suppress one's anger「怒りを抑える」

724 ■■■■■■

reunion [rì:jú:njən]

名再会

「再び (re) 結びつく (union)」→「再結合・再会・同窓会」／have a family reunion once a year「1年に1度親族会 (家族の集まり) を開く」

725 ■■■■■■

swell [swél]

動膨らむ 名腫れ・増大

「どんどん膨張して、プクっと膨れる」感じ／(親知らずを抜いて) His cheek was swollen. 「彼の頬が腫れていた」イメージ (規則変化の他に swoll-swollen という変化もある)。

726 ■■■■■■

threatened [θrétnd]

threaten 動 脅す

形 絶滅の危機にある

動詞 threaten は「脅し (threat) を込める (en)」→「脅かす」で、この過去分詞「脅された」→「危機に瀕した」となった。

727 ■■■■■■

foretell [fɔːrtél]

動 予言する

「前もって (fore) 言う (tell)」→「予言する」／ちなみにサッカーやラグビーの「フォワード (forward)」は「前にいる人」

728 ■■■■■■

assemble [əsémbl]

動 集まる・組み立てる

「中央に寄る」イメージで、人なら「集まる」、物が集まれば「組み立てる」

729 ■■■■■■

companion
[kəmpǽnjən]

名 仲間

そのまま読めば「コンパニオン」で、「イベントコンパニオン」の本来の意味は「イベント・新商品に付き添う仲間・連れ」

730 ■■■■■■

budget [bʌ́dʒət]

名 予算

ビジネスで「予算」をそのまま「バジェット」と使うことがある／within budget「予算内で」は買い物で便利（反対は over budget「予算外」）。

ZONE **4**

731

settle [sétl]

動定住する・定住させる・解決する

settlement 名定住・解決

「1か所にどっしりと腰を落ちつける」イメージ／「紆余曲折を経て、ある場所に落ち着く」→「解決する」

732

colony [ká:ləni]

名植民地

colonization 名植民地化

「囲まれた一定の区域」のイメージで、「植民地」や「共同体」などの意味／a British colony「イギリスの植民地(の1つ)」

733

conflict
名[ká:nflɪkt] 動[kənflíkt]

名争い・葛藤 動矛盾する

「何かがぶつかって、ごちゃ混ぜになる」イメージ／「争い(闘争・口論)」や、「ごちゃ混ぜの気持ち」→「矛盾・葛藤」

734

monarchy [má:nərki]

名君主制

monarch 名君主

本来「単独の・1つの(mono)支配者(arch)」だが、「アーチの上に立つくらい偉い人が治める制度」くらいに考えよう。

735

correspond
[kɔ̀:rəspá:nd]

動一致する・相当する・(メールや手紙で)連絡する

correspondence 名一致・相当・
文通・文書

「一緒に(co)反応する・レスする(respond)」
→「一致する・相当する」→「お互い一緒にレスする」→「(メールや手紙で)連絡する」

204

736

metaphor [métəfɔ̀:r]

名比喩

現代文で「メタファー」と出てくる／ちなみに「比喩」の中でも、厳密には「暗喩」を指す（直喩は simile）が、その区別までは入試には不要。

737

esteem [ɪstí:m]

動高く評価する・尊敬する
名尊敬

estimate「価値を見積もる」と語源が同じで、「価値を置く」→「人に価値を置く」→「高く評価する・尊敬する」

738

friction [fríkʃən]

名摩擦

理科で「摩擦」の"f"はこの friction／「フリクションペン」は「摩擦で文字を消すペン」／trade friction「貿易摩擦」

739

hostage [há:stɪʤ]

名人質

「ホストを人質にする」と覚えてしまおう／僕は護身術を習っていたが、「人質救出の動作」はそのまま「ホステージ」という用語が使われていた。

740

stunning [stʌ́nɪŋ]

stun **動**気絶させる・茫然とさせる

形驚くほどの

動詞 stun はスタンガンで攻撃されたかのような「全身に電流が流れるほどの衝撃」のイメージ／驚いたとき、魅力を感じたときなどに使われる。

741

integrate [íntəgrèɪt]

動まとめる

「細かいものをくっつけて、より大きなもの
にまとめあげる」イメージ／integrate A
into B「A を統合して B に入れる」→「A を
B に統合する」

742

linguistic [lɪŋgwístɪk]

形言語の

linguistics 名言語学

linguistic diversity「言語の多様性」は入試
頻出（たくさんの言語があるほうが、たくさんの
考えが生まれる）。

743

dialect [dáɪələkt]

名方言

あくまで「その地方の言葉」という意味で、
「田舎の言葉」という発想は捨てること／「あ
る階級の言葉」にも使われる／言語論で頻
出の単語。

744

medieval [mìːdíːvl]

形中世の

「中間の（medi=medium）時代」（medium「中
間の」は「M サイズ」で使われる）

745

embrace [ɪmbréɪs]

動抱きしめる・受け入れる

「腕（brace）の中に（em）入れる」→「抱きし
める」→「（考えを）受け入れる」（brace「腕」
は bracelet「ブレスレット」からイメージ）

746

migrate [máɪgreɪt]

migration 名 移住

動 移住する

人にも使える単語だが、「渡り鳥 (migratory birds)」のイメージを持つと理解しやすい／migratory は「移動する」という形容詞。

747

immigrant [ímɪgrənt]

immigrate 動 (他国から) 移住する

名 移民

「中に (im) 移住してくる (migr=migrate) 人 (ant)」／外国から「中に入ってくる移民」を指す。国から出て行く移民は emigrant

748

migrant [máɪgrənt]

名 移住者・移民

immigrant「移民」のほうが圧倒的によく出るが、その単語は元々 migrant からきている／移民の話は長文でよく出るのでとても大事な単語。

749

verbal [vɚ́:rbl]

verbally 副 言葉で

形 言葉の

「言葉 (verb) の」／verbal communication「言語によるコミュニケーション」

750

nonverbal
[nɑ̀:nvɚ́:rbl]

nonverbally 副 非言語的に

形 言葉を使わない

「言葉の (verbal) ＋否定の non」／nonverbal communication「非言語コミュニケーション」（表情・しぐさなど）

751

outlook [áutlùk]

名 見通し・展望

「外 (out) を見る (look)」→「先を見る」→「見
通し・展望」

752

primitive [prímətɪv]

形 原始的な・初期段階の

「プリミティブアート」は「先史時代や未開
部族の美術」(旅行のガイドブックで使われる)
／primitive tools「原始的な道具」

753

remark [rɪmá:rk]

動 注意する・述べる
名 意見・注目

「再び (re) マークする (mark)」／「要注意
人物をマークする」とはその人に「注意す
る」こと／「注意して、述べる」イメージ。

754

self-esteem
[sélfɪstí:m]

名 自尊心・自己肯定感

「自分 (self) を高く評価する (esteem)」→「自
尊心・自己肯定感」／抽象的な英文 (教育論
や幸福論など) でよく出てくる／develop
self-esteem「自己肯定感を育む」

755

coincide [kòuɪnsáɪd]

coincidence 名 偶然の一致

動 同時に起こる・一致する

happen at the same time ということ／His
holidays coincided with mine.「彼の休み
が私と重なった」

◁: **TRACK76** [751-760]

756

superficial
[sùːpərfíʃəl]

形 表面的な

「顔・面 (ficial=face) の 上 に (super)」／
superficial differences「表面的な違い」は
東京外国語大で出た。

757

symbolize [símbəlàɪz]

動 象徴する

「象徴・シンボル (symbol) にする (ize)」→
「象徴する・記号で表す」／S symbolize O
「SはOのシンボルだ」

758

treaty [tríːti]

名 条約

動詞 treat「扱う」から、「お互いをどう treat
するか決めるのが treaty」と覚えよう。

759

racism [réɪsɪzm]

名 人種差別

「人種 (race) にこだわる主義 (ism)」→「人
種差別」

760

quarrel [kwɔ́ːrəl]

名 口論 動 口論する

have words with ～「～と口論する」を
quarrel に言い換える問題が青山学院大で
出題。

---

761 ■ ■ ■ ■ ■ ■

proverb [prá:vərb]

名ことわざ

as the proverb says「ことわざが言うのと同じように」→「ことわざにあるように」

---

762 ■ ■ ■ ■ ■ ■

identification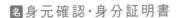
[aɪdèntəfɪkéɪʃən]

名身元確認・身分証明書

「身分証明書」を表す「IDカード」は identification card のこと。

---

763 ■ ■ ■ ■ ■ ■

dominate [dá:mənèɪt]

dominant 形 支配的な
dominance 名 優位

動支配する

The iPhone has dominated the smartphone market for the last few years.「アイフォンはここ数年スマホ市場を支配している」が東京理科大で出た。

---

764 ■ ■ ■ ■ ■ ■

manipulate
[mənípjəlèɪt]

動操作する

人形を手で操るイメージ／「手 (mani=manual) で操作する」

---

765 ■ ■ ■ ■ ■ ■

breakdown
[bréɪkdàun]

名崩壊・(神経)衰弱・故障

「壊れて (break) 下に (down) 崩れる」→「崩壊」／「人の崩壊」→「衰弱」、「機械などの崩壊」→「故障」

766 ⬛⬛⬛⬛⬛⬛

bond [bá:nd]

名 絆

「ボンド（接着剤）」は「ガチッとくっつけるもの」→「絆」と考えよう／ちなみに「化学結合」の意味もある（入試にはほぼ出ないが）。

767 ⬛⬛⬛⬛⬛⬛

passage [pǽsɪdʒ]

名 通過・(文章の) 一節

「通り過ぎる (pass) こと」→「通過」→「通路」→「文章の通路」→「文章の一節」

768 ⬛⬛⬛⬛⬛⬛

stereotype [stériətàɪp]

名 固定観念

「ステレオタイプ」は「一般に受け入れられている考え・固定観念」／「典型的なタイプ (type) に当てはめる考え」のこと。

769 ⬛⬛⬛⬛⬛⬛

usage [júːsɪdʒ]

名 使用

「使う (use) こと」→「使用・使い方・慣習」／名詞 use とほぼ同じ意味 (telephone usage ＝telephone use「電話の使用」)

770 ⬛⬛⬛⬛⬛⬛

vacant [véɪkənt]

形 空いている

vacancy **名 空の状態・空室**

「空っぽ (vac)」→「空いている」(vacation「休暇」は「仕事が空」)／飛行機のトイレで vacant の表示が光っていれば「空いている」(反対は occupied「使用中」)

771

corporation
[kɔ̀:rpəréiʃən]

名 企業

会社名に「○○コーポレーション」と使われることもある / a multinational corporation「多国籍企業」

772

cooperation
[kouà:pəréiʃən]

cooperate 動 協力する

名 協力

「一緒に (co) 動く (operate) こと」→「協力」/ 工事などの説明の後に、Thank you for your cooperation.「ご協力に感謝します」が使われる。

773

affluent [æfluənt]

形 裕福な

「お金が流れて (flu) くるような」→「裕福な」(fluent「流暢な」は「話が流れる (flu) 様子」) / rich に書き換える問題が東洋英和女学院大で出題。

774

bargain [bá:rgən]

名 契約・取引
動 (売買の) 交渉をする

本来「値切る」→「契約・取引」の意味が最重要 / 「バーゲン品」の意味もあるが、出たところで絶対にわかる。

bargaining 名 交渉

775

characterize
[kǽrəktəràɪz]

動 特徴づける

「キャラ (character) づけをする」→「特徴づける」/ be characterized by ～「～によって特徴をつけられている」→「～が特徴だ」

776

citizenship
[sítəznʃip]

名 市民権・国籍

「市民・国民 (citizen) の状態・身分 (ship)」
→「市民・国民であること」→「市民権・国籍」

777

funeral [fjú:nərəl]

名 葬式

入試では物語文でよく出る (有名人が亡くなるとニュースでも使われる) ／attend a funeral「葬式に参列する」

778

commercial
[kəmə́:rʃəl]

commerce **名** 商業

形 商業の **名** コマーシャル

「CM (コマーシャル)」は commercial message「商業上でのメッセージ」の略／a commercial success「商業的な成功」

779

designate [dézɪgnèɪt]

動 指定する

「すごく (強調の de) 目印 (sign) をつける」
→「指定する」／in designated areas「指定された場所で」は立教大で出題。

780

mode [móud]

名 方法・様式・流行

「ガチで単語モード」と言えば、それは「本気で単語に取り組む方法・様式」／たくさん意味があるが、大半は「モード」か「方法・様式」で理解できる。

781

constitution
[kà:nstət(j)ú:ʃən]

constitute 動 構成する・占める

名 構成・憲法

「構成」→「国を構成するもの」→「憲法」
／the Constitution of Japan「日本国憲法」

782

deficit [défəsɪt]

名 不足

「足りない」イメージで「不足・欠陥・赤字」
／budget deficit「財政赤字」、trade deficit
「貿易赤字」

783

merchandise
[má:rtʃəndàɪz]

名 商品

mercha は（英語読みではないが）「メルカ」
と読めるが、これはフリマアプリ『メルカリ』
の元になった単語（「商品を扱うアプリ」と考
えよう）。

784

deposit [dɪpá:zət]

動 置く・預ける
名 手付金・頭金

本来「下に (de) 置く (posit=pose)」→「置く」
／「銀行に (お金を) 置く」→「預ける」／IC
カードの「預かり金」を「デポジット」と言う。

785

compensate
[ká:mpənsèɪt]

動 埋め合わせをする

「チャラにする」のような感じで、「マイナス
を埋め合わせる」／compensate 人 for
損害「人 に 損害 の埋め合わせをする」

786

equivalent
[ɪkwívələnt]

形 等しい

「等しい (equi=equal) 価値 (valent=value)」
→「等しい」/ be equivalent to ～「～に等
しい・～に相当する」

787

excess [ɪksés]

exceed 動 超える
excessive 形 過度の

名 過剰

「普通より外へ (ex) 行く (cess)」→「過剰・
超過」/単純に「超えたもの」くらいに考え
ても OK

788

fertility [fərtíləti]

名 肥沃・繁殖力があること

「どんどん生み出す」イメージ/「土地が作
物を生み出す」→「肥沃」、「動植物が生み
出す」→「繁殖力があること」/fertility
rate「出生率」

789

clinical [klínɪkl]

形 臨床の

「臨床」は実際に患者を診療すること/
clinical trial「(新薬の) 臨床試験・治験」

790

genetic [dʒənétɪk]

gene 名 遺伝子

形 遺伝子の

「遺伝子 (gene) に関する (ic)」/genetic
engineering「遺伝子工学」(「遺伝子工学が将
来、社会に良い影響を与えるか?」は英検 1 級
のライティングでも出た)

791 ■■■■■■

grave [gréɪv]

gravity 名 重力

名 墓 形 重大な

「墓」と「重大な」は語源が違うのだが、「重大な、重々しいお墓」と覚えてしまおう。

792 ■■■■■■

incentive [ɪnséntɪv]

名 刺激・報奨金

プロスポーツの「インセンティブ契約」は「成績に応じて金額が増えるなど、選手にとって刺激になる内容の契約」

793 ■■■■■■

instability [ìnstəbíləti]

stability 名 安定

名 不安定

「安定 (stability) がない (否定の in)」→「不安定」／political instability「政治的な不安定 (政情不安)」

794 ■■■■■■

legalize [líːgəlàɪz]

legal 名 法律上の
legalization 名 合法化

動 合法化する

「合法 (legal) にする (ize)」／legalize casinos[gambling]「カジノ [賭博] を合法化する」／日本でのカジノの合法化は自由英作文で要注意テーマ。

795 ■■■■■■

liberal [líbərəl]

形 自由主義の・気前のよい

「自由 (liberty) な・自由主義の」→「自由な人のような」→「寛大な・気前のよい」

796

living standard
[lívɪŋ stǽndərd]

名 生活水準

「生活 (living) の水準・基準 (standard)」／
the standard of living でも OK

797

manifest [mǽnəfèst]

形 明らかな

選挙の「マニフェスト」は「選挙公約を明ら
かにしたもの」ということ (本当はイタリア語
manifesto だが、まあどうでもいいだろう)。

798

degrade [dɪgréɪd]

動 価値を下げる

「段階・程度 (grade「グレード」) を下げる
(de)」→「価値を下げる・評判を落とす・降
格する・劣化させる」

799

conform [kənfɔ́ːrm]

動 従う・一致する

「一緒に (com) 形作る (form)」→「みんな
で 1 つの行動を作る」→「(規則・習慣に) 従
う・一致する」／conform to[with] ～「～
に従う」の形が重要。

800

monetary [mɑ́ːnətèri]

形 通貨の

IMF (国際通貨基金) は International
Monetary Fund／a monetary crisis「通貨
危機」は学習院大で出題。

次の(1)〜(5)の単語の意味を、① 〜⑤ から選びなさい。

1
(1) **companion**　(2) **compensate**　(3) **broaden**
(4) **cooperation**　(5) **enhance**

① 高める　② 埋め合わせをする　③ 広くする　④ 仲間　⑤ 協力

A　(1) ④　(2) ②　(3) ③　(4) ⑤　(5) ①

2
(1) **suppress**　(2) **legalize**　(3) **imitation**
(4) **agenda**　(5) **funeral**

① 偽物　② 議題　③ 抑える　④ 葬式　⑤ 合法化する

A　(1) ③　(2) ⑤　(3) ①　(4) ②　(5) ④

3
(1) **aging society**　(2) **witness**　(3) **surrender**
(4) **disabled**　(5) **obscure**

① 目撃者・証拠／目撃する・証言する　② 障がいがある・障がい者用の　③ 高齢化社会
④ 降伏する　⑤ あいまいな／覆い隠す

A　(1) ③　(2) ①　(3) ④　(4) ②　(5) ⑤

4
(1) **commercial**　(2) **deposit**　(3) **testimony**
(4) **characterize**　(5) **initiative**

① 特徴づける　② 証言　③ 商業の／コマーシャル　④ 主導権・戦略
⑤ 置く・預ける／手付金・頭金

A　(1) ③　(2) ⑤　(3) ②　(4) ①　(5) ④

5
(1) **mammal**　(2) **innate**　(3) **settle**　(4) **slavery**
(5) **trustworthy**

① 哺乳類　② 奴隷制度　③ 定住する・定住させる・解決する　④ 信頼できる
⑤ 生まれながらの・固有の

A　(1) ①　(2) ⑤　(3) ③　(4) ②　(5) ④

6
(1) **excess**　(2) **ruin**　(3) **pension**　(4) **synthesize**
(5) **racism**

① 過剰　② 総合する・合成する　③ 年金　④ 破滅させる／破滅・遺跡
⑤ 人種差別

A　(1) ①　(2) ④　(3) ③　(4) ②　(5) ⑤

7
(1) **subscribe**　(2) **clinical**　(3) **foretell**　(4) **threatened**
(5) **convict**

① 臨床の　② 予言する　③ 有罪判決を下す／囚人　④ 絶滅の危機にある
⑤ 署名する・定期購読する

A　(1) ⑤　(2) ①　(3) ②　(4) ④　(5) ③

8
(1) **reunion**　(2) **medieval**　(3) **duplication**　(4) **swell**
(5) **domain**

① 膨らむ／腫れ・増大　② 複製　③ 中世の　④ 所有地・領域　⑤ 再会

A　(1) ⑤　(2) ③　(3) ②　(4) ①　(5) ④

9
(1) **implement**　(2) **longevity**　(3) **identification**
(4) **comply**　(5) **hostage**

① 身元確認・身分証明書　② 人質　③ 長寿・寿命　④ 実行する　⑤ 従う・応じる

A　(1) ④　(2) ③　(3) ①　(4) ⑤　(5) ②

10
(1) **dominate**　(2) **stimulating**　(3) **collapse**
(4) **surpass**　(5) **genetic**

① 超える　② 崩壊する　③ 支配する　④ 刺激的な　⑤ 遺伝子の

A　(1) ③　(2) ④　(3) ②　(4) ①　(5) ⑤

次の(1)～(5)の単語の意味を、① ～⑤ から選びなさい。

11
(1) **manipulate**　(2) **restrain**　(3) **monotone**
(4) **designate**　(5) **ambiguous**

① 指定する　② 抑える・やめさせる　③ 単調　④ あいまいな　⑤ 操作する

　A　(1) ⑤　(2) ②　(3) ③　(4) ①　(5) ④

12
(1) **intensive**　(2) **merger**　(3) **immigrant**　(4) **treaty**
(5) **stunning**

① 驚くほどの　② 激しい・集中的な　③ 条約　④ 合併　⑤ 移民

　A　(1) ②　(2) ④　(3) ⑤　(4) ③　(5) ①

13
(1) **republic**　(2) **monarchy**　(3) **overlook**
(4) **complimentary**　(5) **depression**

① 共和国　② 君主制　③ 見渡す・大目に見る・見落とす　④ うつ病・不況　⑤ 無料の

　A　(1) ①　(2) ②　(3) ③　(4) ⑤　(5) ④

14
(1) **negotiate**　(2) **justify**　(3) **illegal**　(4) **slang**
(5) **bully**

① 俗語　② 交渉する　③ 違法の　④ いじめる／いじめっ子　⑤ 正当化する

　A　(1) ②　(2) ⑤　(3) ③　(4) ①　(5) ④

15
(1) **talented**　(2) **boost**　(3) **legislation**　(4) **affair**
(5) **degrade**

① 才能のある　② 価値を下げる　③ 立法・法律　④ 事柄・問題　⑤ 高める

　A　(1) ①　(2) ⑤　(3) ③　(4) ④　(5) ②

16
(1) **bond**　(2) **linguistic**　(3) **oppress**　(4) **stereotype**
(5) **prompt**

① 圧迫する　② 固定観念　③ 絆　④ 言語の　⑤ 素早い

A　(1) ③　(2) ④　(3) ①　(4) ②　(5) ⑤

17
(1) **instability**　(2) **superficial**　(3) **merchandise**
(4) **derive**　(5) **revival**

① 商品　② 回復・復活　③ 不安定　④ 表面的な　⑤ 由来する

A　(1) ③　(2) ④　(3) ①　(4) ⑤　(5) ②

18
(1) **coincide**　(2) **migrant**　(3) **usage**　(4) **subscription**
(5) **feudal**

① 移住者・移民　② 使用　③ 定期購読　④ 同時に起こる・一致する　⑤ 封建的な

A　(1) ④　(2) ①　(3) ②　(4) ③　(5) ⑤

19
(1) **violate**　(2) **ignorance**　(3) **violation**　(4) **colony**
(5) **manifest**

① 無知　② 明らかな　③ 違反する・侵害する　④ 植民地　⑤ 違反・反則

A　(1) ③　(2) ①　(3) ⑤　(4) ④　(5) ②

20
(1) **bargain**　(2) **contemporary**　(3) **perspective**
(4) **enforce**　(5) **ensure**

① 確実にする・確かめる　② 観点・全体像　③ 施行する
④ 契約・取引／（売買の）交渉をする　⑤ 同時代の・現代の

A　(1) ④　(2) ⑤　(3) ②　(4) ③　(5) ①

次の(1)〜(5)の単語の意味を、①〜⑤から選びなさい。

21
(1) **foster**　(2) **monetary**　(3) **workforce**　(4) **intake**
(5) **ingenious**

① 通貨の　② 労働人口　③ 摂取量・受け入れ　④ 独創的な　⑤ 育てる

A　(1) ⑤　(2) ①　(3) ②　(4) ③　(5) ④

22
(1) **prominent**　(2) **embrace**　(3) **revise**
(4) **breakdown**　(5) **conflict**

① 改訂する　② 目立った・有名な　③ 争い・葛藤／矛盾する　④ 抱きしめる・受け入れる
⑤ 崩壊・(神経)衰弱・故障

A　(1) ②　(2) ④　(3) ①　(4) ⑤　(5) ③

23
(1) **outnumber**　(2) **heighten**　(3) **fertility**　(4) **learned**
(5) **formation**

① 肥沃・繁殖力があること　② 〜より数が多い
③ 学識がある・学習や経験で身についた(後天的な)　④ 構成・形成　⑤ 高める

A　(1) ②　(2) ⑤　(3) ①　(4) ③　(5) ④

24
(1) **metaphor**　(2) **extinction**　(3) **flourish**　(4) **exceed**
(5) **experienced**

① 比喩　② 繁栄する　③ 絶滅　④ 超える　⑤ 経験豊富な

A　(1) ①　(2) ③　(3) ②　(4) ④　(5) ⑤

25
(1) **migrate**　(2) **plot**　(3) **fancy**　(4) **depict**
(5) **manuscript**

① 高級な・豪華な　② 描く　③ 移住する　④ (小説などの)筋・陰謀　⑤ 原稿

A　(1) ③　(2) ④　(3) ①　(4) ②　(5) ⑤

26
(1) **enlarge**　(2) **mode**　(3) **misguided**
(4) **living standard**　(5) **unprecedented**

① 見当違いの　② 方法・様式・流行　③ 拡大する　④ 先例のない　⑤ 生活水準

A　(1) ③　(2) ②　(3) ①　(4) ⑤　(5) ④

27
(1) **subsequent**　(2) **passage**　(3) **symbolize**
(4) **proverb**　(5) **misbehavior**

① ことわざ　② 象徴する　③ その後の・その次に続く　④ 通過・(文章の)一節
⑤ 非行・不作法

A　(1) ③　(2) ④　(3) ②　(4) ①　(5) ⑤

28
(1) **acquisition**　(2) **monotonous**　(3) **nonverbal**
(4) **proficiency**　(5) **ownership**

① 単調な　② 所有者であること　③ 言葉を使わない　④ 技量　⑤ 獲得・買収

A　(1) ⑤　(2) ①　(3) ③　(4) ④　(5) ②

29
(1) **divine**　(2) **widen**　(3) **incentive**　(4) **testify**
(5) **promising**

① 証言する　② 広くする　③ 前途有望な　④ 神聖な　⑤ 刺激・報奨金

A　(1) ④　(2) ②　(3) ⑤　(4) ①　(5) ③

30
(1) **equivalent**　(2) **citizenship**　(3) **dominant**
(4) **abolish**　(5) **quarrel**

① 口論／口論する　② 支配的な　③ 市民権・国籍　④ 廃止する　⑤ 等しい

A　(1) ⑤　(2) ③　(3) ②　(4) ④　(5) ①

次の(1)〜(5)の単語の意味を、①〜⑤から選びなさい。

31
(1) **esteem**　(2) **practical**　(3) **recruit**　(4) **satisfactory**
(5) **dialect**

① 新しく入れる／新人　② 実用的な　③ 高く評価する・尊敬する／尊敬　④ 方言
⑤ 満足のいく

………………………… A　(1) ③　(2) ②　(3) ①　(4) ⑤　(5) ④

32
(1) **primitive**　(2) **enrich**　(3) **criteria**　(4) **intuition**
(5) **principle**

① 豊かにする　② 直感　③ 原則　④ 原始的な・初期段階の　⑤ 基準

………………………… A　(1) ④　(2) ①　(3) ⑤　(4) ②　(5) ③

33
(1) **noble**　(2) **norm**　(3) **correspond**　(4) **assemble**
(5) **authentic**

① 本物の・信頼できる　② 一致する・相当する・(メールや手紙で)連絡する　③ 規範
④ 高貴な　⑤ 集まる・組み立てる

………………………… A　(1) ④　(2) ③　(3) ②　(4) ⑤　(5) ①

34
(1) **verbal**　(2) **pose**　(3) **unconditional**　(4) **institute**
(5) **infamous**

① 無条件の　② 設立する／研究所・協会　③ 言葉の　④ 置く・(問題を)提起する
⑤ 悪名高い

………………………… A　(1) ③　(2) ④　(3) ①　(4) ②　(5) ⑤

35
(1) **friction**　(2) **dismiss**　(3) **coordinate**　(4) **depress**
(5) **vacant**

① 落胆させる　② 解雇する・却下する　③ 調和させる　④ 空いている　⑤ 摩擦

………………………… A　(1) ⑤　(2) ②　(3) ③　(4) ①　(5) ④

36 (1) grave (2) outlook (3) transition (4) budget (5) liberal

① 予算　② 見通し・展望　③ 墓／重大な　④ 自由主義の・気前のよい　⑤ 移り変わり

A (1) ③ (2) ② (3) ⑤ (4) ① (5) ④

37 (1) boundary (2) affluent (3) conform (4) deficit (5) conspire

① 裕福な　② 不足　③ 従う・一致する　④ 境界　⑤ たくらむ

A (1) ④ (2) ① (3) ③ (4) ② (5) ⑤

38 (1) insight (2) reschedule (3) poetry (4) contract (5) antique

① 予定を変更する　② 洞察力・見識　③ 詩　④ 古風な　⑤ 契約

A (1) ② (2) ① (3) ③ (4) ⑤ (5) ④

39 (1) constitution (2) corporation (3) multilingual (4) integrate (5) arrest

① まとめる　② 多言語の／多言語を話す人　③ 逮捕する／逮捕　④ 構成・憲法
⑤ 企業

A (1) ④ (2) ⑤ (3) ② (4) ① (5) ③

40 (1) patent (2) remark (3) self-esteem (4) adolescence (5) prehistoric

① 自尊心・自己肯定感　② 青春期　③ 注意する・述べる／意見・注目
④ 特許／特許権を取る　⑤ 有史以前の

A (1) ④ (2) ③ (3) ① (4) ② (5) ⑤

1000単語習得法が生まれた
高2の夏（後編）

　最初は2000個を覚えようとしていたので、その半分になった目標はなんとなくハードルが下がり、なんとか続けました（ちなみに他の勉強は1秒もしていないので、高2が夏休みに1日2時間勉強したというすごく楽なプランなのです）。

　さて、いざ1000個をやった後に、最初の単語に戻ってみると驚くほど覚えていなくて愕然としました。ただ、一度手を出した以上、もしそこでやめたら、最初の5日間の勉強が水の泡になると思い、やり続けるしかありませんでした。2週目が終わっても覚えていなかったのですが、もはや引き返せないので、とにかく続けるだけでした。

　そして5週目を迎えたとき、ものすごい手応えがあったのです。仕上げの6週目では1000個中990個は覚えていました。その後、残りの1000個も同じように行い、その結果、僕は高2の夏過ぎまでに英単語2000個を覚えてしまったわけです。

　得たものは単語力だけではなく、「単語帳1冊覚えたんだから、自分が知らない単語は（当然たくさん出てきますが）どうせ他の人も知らない」という自信を得ることができました（少し中2病）。

　あのときの感動と、英文を見たときに「あ、これ知ってる。これも最近覚えた。それは知らないけど、どうでもいいや。これは知ってる」という感覚をみなさんにもぜひ味わってほしいと思います。

ZONE

5

[単語801～1000]

	DATE	NOTE
Set 1	/	
Set 2	/	
Set 3	/	
Set 4	/	
Set 5	/	
Set 6	/	

801

monopoly [mɑná:pəli]

名 独占

世界的に有名なボードゲーム『モノポリー』は「(不動産売買を通して) 独占を競うもの」

802

accumulate
[əkjú:mjələ̀ɪt]

動 ためる

「コツコツと積み重ねていく」イメージ/accumulate knowledge「知識を蓄積する」は上智大で出た。

803

nationalistic
[næʃənəlístɪk]

nationalism 名 国家主義

形 愛国主義の

national「国家の」よりも nationalistic はつづりがクドくなるので、国への気持ちもクドくなって「愛国主義の」と僕は高校のときに覚えた。

804

ozone layer
[óʊzoʊn lèɪər]

名 オゾン層

オゾン (O₃) 層は有害な紫外線をやわらげてくれる/地球温暖化の話で頻出。

805

greenhouse effect
[grí:nhaʊs ɪfékt]

名 温室効果

温室効果は地球温暖化の主な原因/greenhouse gases なら「温室効果ガス」

806 ⬜⬜⬜⬜⬜⬜

privilege [prívəlɪdʒ]

名特権

「私的な (privi=private) 法律 (lege=legal)」
→「法律を私的にする」→「特権」

807 ⬜⬜⬜⬜⬜⬜

congress [kά:ŋgrəs]

名議会・会議

hold a congress「会議を開く」/「議会」は
「国民の代表者が法律などについて話し合
う場」

808 ⬜⬜⬜⬜⬜⬜

right-wing [ráɪtwíŋ]

形右翼の

「右の (right) 翼 (wing) の」→「右翼の」/「国
家主義・民族主義を支持する勢力」で、欧
米では移民受け入れに反対する人が多い。

left-wing **形**左翼の

809 ⬜⬜⬜⬜⬜⬜

rebel **名**[rébl] **動**[rɪbél]

名反逆者 **動**反対する

liberal「自由主義の」と混乱しそうだが、
(liberal の l と違って) rebel は r が曲がって
いるので「曲がった奴ら」→「反逆者」と覚
えよう。

810 ⬜⬜⬜⬜⬜⬜

diligent [dílɪdʒənt]

形勤勉な

「一生懸命努力している・すごくまじめな」
イメージ/人を褒めるときによく使われる。

diligence **名**勤勉

---

811 ■ ■ ■ ■ ■ ■

reign [réin]

名統治 動統治する

during the reign of the Emperor Reiwa
「令和天皇の在位中に」

---

812 ■ ■ ■ ■ ■ ■

accelerate
[æksélərèit]

動加速する

「自動車のアクセルを踏む」→「加速する・促進する」/「ググッとスピードを上げる」イメージ。

---

813 ■ ■ ■ ■ ■ ■

restore [ristɔ́ːr]

restoration 名修復・復興

動回復させる

「元の状態に (re) 蓄える (store)」→「回復させる」/restore your energy「スタミナを回復する」はスマホゲームでも使える表現。

---

814 ■ ■ ■ ■ ■ ■

credit [krédit]

名信用

「クレジットカード」(AMERICAN EXPRESSなど) は「信用のある人が現金を使わないで後日に支払うことができるカード」

---

815 ■ ■ ■ ■ ■ ■

self-confidence
[sèlfkáːnfədəns]

名自信

「自分 (self) への信頼 (confidence)」→「自信」/confidence だけでも「自信」の意味になる。

816

stagnant
[stǽgnənt]

形 停滞した・不景気な

「水が水槽・タンク (tank) に溜まっているような」→「よどんだ・停滞した」／経済関係でよく使われるので「不景気な」と訳してもOK

817

thrive [θráɪv]

動 繁栄する

「グイグイ成長して伸びていく」イメージ／ビジネス関係でもよく使われる。

818

amateur
[ǽmətʃùər / ǽmətər]

名 アマチュア
形 アマチュアの

つづりと発音に注意（そのまま「アマチュア」もあるが、「アマタァ」と発音されることもある）。

819

surplus [sə́:rpləs]

名 余剰・黒字

「基準を越えて (sur) プラス (plus) したもの」→「余剰・黒字」／trade surplus「貿易黒字」

820

terminate [tə́:rmənèit]

動 終わらせる

「終わりの (terminal) 状態にする」／映画『ターミネーター』は「世界を終わりにする存在」という意味。

---

821 ◼◼◼◼◼◼

stumble [stʌ́mbl]

動 つまずく

「スタンブル」という発音が、何かにつまずくような（スムーズではない）響き。

---

822 ◼◼◼◼◼◼

tolerance [tá:lərəns]

名 忍耐・寛容

zero tolerance「生徒が問題を起こしたときに忍耐・寛容がゼロ」→「厳しい罰を与えること」(数十年前からアメリカで聞くようになった)

---

823 ◼◼◼◼◼◼

utmost [ʌ́tmòust]

形 最大限の

ut=ultra「ウルトラ」と考えて、utmost は「ウルトラ most」と覚えよう／of utmost importance「最も重要な」は慶應大で出た。

---

824 ◼◼◼◼◼◼

ethic [éθɪk]

ethical 形 倫理の・道徳上の

名 倫理・道徳

He has a good work ethic.「彼は仕事上の倫理観がしっかりしている」(work ethic は「労働観」で、「しっかり責任を持って仕事をする」イメージ)

---

825 ◼◼◼◼◼◼

vicious [víʃəs]

vice 名 悪

形 悪意のある

「タチの悪い」イメージ／a vicious rumor「悪意のある噂」

TRACK83 [821-830]

826 ▪▪▪▪▪▪

worthwhile
[wə́:rθwáil]

worth 前 ～の価値がある

形 価値がある・立派な

前置詞 worth「～の価値がある」の後ろに、名詞 while「時間」（接続詞以外に名詞もある）がきて、「時間をかける価値がある」という意味。

827 ▪▪▪▪▪▪

mutual [mjú:tʃuəl]

形 お互いの

「お互いの間をいったりきたりする」イメージ／mutual understanding「相互理解」

828 ▪▪▪▪▪▪

resort [rizɔ́:rt]

動 訴える 名 リゾート地・訴えること（頼ること）

本来「何度も（re）行きたい場所」→「リゾート地」／「何度も行く」→「頼る・訴える」／resort to violence「暴力に訴える」

829 ▪▪▪▪▪▪

confess [kənfés]

confession 名 自白・告白

動 白状する

confess to eating the cake in the refrigerator「冷蔵庫にあったケーキを食べたと白状する」（この to は前置詞）

830 ▪▪▪▪▪▪

authority [əθɔ́:rəti]

名 権威

「○○のオーソリティー」は「権威」（要は「第一人者・大御所」）／authority on ～「～の権威」（意識の接触の on「～について」）

831

bribe [bráɪb]

名 賄賂（わい ろ）

「不正に金品を贈ること」／offer a bribe「賄賂を贈る」／take a bribe「賄賂を受け取る」

832

civil [sívl]

形 一般人の

「街（city）にいる人たちの」で、何かの対立として使われることが多い（たとえば military「軍の」に対して「一般人の・民間の」という意味になる）。

833

sibling [síblɪŋ]

名 きょうだい

a brother and sister「兄弟・姉妹」のこと／男女の区別をつけない単語（日本語でも漢字を使わず「きょうだい」と書くことが増えた）。

834

asset [ǽset]

名 財産

本来「（お金などの）財産」だが、「貴重な人」にも使える／You're an asset to the team.「君はチームの財産だ」

835

prosperous
[prá:spərəs]

prosperity **名** 繁栄

形 繁栄している

「リッチで豊かでうまくいっている」イメージ。

836

consensus [kənsénsəs]

名 意見の一致

「共に (con) 感じる (sensus=sense)」→「意見の一致・総意」/reach a consensus on ～「～について合意に至る」

837

consistent [kənsístənt]

形 首尾一貫している

「常に同じ姿勢でいる安定した」イメージ/be consistent with ～「～と一致している」は鹿児島大で出題。

838

statement
[stéitmənt]

名 主張・声明・明細書

「考えを述べる (state)」→「主張・声明」、「お金の使い道を述べる」→「明細書」

state 動 述べる

839

corrupt [kərʌ́pt]

形 堕落した

「堕落した・腐敗した・有害な・不正な・賄賂の」などたくさんの意味があるが、「落ちるとこまで落ちた」イメージ。

corruption 名 汚職

840

revenue [révən(j)ù:]

名 収入

「元の (re) 場所 (venue) を通ってやってくる」→「投資したものが戻ってきたもの」→「収入」

---

841 ■■■■■■

eliminate [ɪlímənèit]

動 取り除く

「境界線 (limin=limit) から外へ (e=ex) 出す」
→「取り除く」／「中にあるものを、外に放
り投げる」イメージ。

---

842 ■■■■■■

famine [fǽmɪn]

名 飢饉

famine caused by a long drought「長引く
干ばつによって引き起こされた飢饉」
(drought「干ばつ」は 950 番)

---

843 ■■■■■■

peculiar
[pɪkjúːljər]

形 特有の・風変わりな

peculiar to ～「～に特有の」／2 つの意味
を覚えるのが大変だが、「その地域に特有の」
ものは、よそ者から見たら「風変わりに」
見える。

---

844 ■■■■■■

hygiene [háɪʤiːn]

名 衛生

一部の発展途上国では「手を洗う」という
発想がなく、病気にかかりやすい、なんて
話で使われる。

---

845 ■■■■■■

superstition
[sùːpərstíʃən]

名 迷信

「理屈や科学を超えて (super) 存在する・立
つ (stition=stand) もの」→「迷信」と考えよ
う。

846

insure [ɪnʃúər]

動 保険をかける

「中に (in) 確実さ (sure) を込める」→「保険をかける」／insure one's house「家に保険をかける」

847

insurance [ɪnʃúərəns]

名 保険・保険料

日常生活でもビジネスでも重要な単語／buy cheap auto insurance「安い自動車保険に加入する」

848

multicultural
[mÀltikÁltʃərəl]

multiculturalism 名 多文化主義

形 多文化の

「たくさんの (multi) 文化 (culture) の」／a multicultural society「多文化社会」

849

neutral [n(j)ú:trəl]

形 中立の

「ニュートラルな」とは「A でも B でもない中立の立場からの」ということ／a neutral country「中立国」

850

supervisor
[sú:pərvàɪzər]

supervise 動 監督する

名 監督・上司

「上から (super) 見る (vise=vision) 人」→「監督・上司」

851

radical [rǽdɪkl]

形 根本的な・過激な

本来「根っからの」→「抜本的な・根本的な・徹底的な・過激な」／radical politics「過激な政治」は早稲田大で出た。

852

relocate [rìːlóukeɪt]

動 移住する・移住させる

「再び (re) 家を置く (locate)」→「移住する」／「再び (re) ロケーション (location) を決める」と考えても OK

853

qualify [kwáːləfàɪ]

qualified 形 資格がある・適任の
qualification 名 資格

動 資格を与える・資格がある

「何かしらの質 (quality) を与える」／be qualified for ～「～へ向けて資格が与えられている」→「～の資格がある・適任だ」が重要。

854

riot [ráɪət]

名 暴動

本来「ガヤガヤ騒ぐ・ケンカする」なので、「ライアット！ライアット！」と騒動・暴動が起きるところをイメージしよう。

855

sin [sín]

名 罪

ゴロッぽく「sin じていた (信じていた) ものへの罪」と覚えてしまおう。

856

convert [kənvə́:rt]

convertible 形 変えられる

動 変える

convert the attic into a bedroom「屋根裏部屋を寝室に変える」で、convert を change に書き換える問題が関西外国語大で出題。

857

inequality
[ìnikwá:ləti]

inequal 形 不平等な

名 不平等

「平等 (equality) ではない (否定の in)」／gender inequality「男女不平等」

858

parliament [pá:rləmənt]

名 議会

「議会」に関しては、アメリカでは Congress「議会」、イギリスは Parliament「英国議会」、日本は Diet「国会」が使われる。

859

transact [trænzǽkt]

transaction 名 取引

動 取引する

「会社を移動して・超えて (trans) 行動する (act)」→「取引する」

860

utility [ju:tíləti]

名 実用性・公共事業

「使える・役立つ (use) こと」→「実用性」→「社会全体に実用的なもの」→「公共事業」／utility rate「(電気・ガス・水道の) 公共料金」

861

suicide [súːəsàɪd]

名自殺

「自分 (sui) を殺す (cide)」→「自殺」／悲しいが、ニュースや社会問題で出てくる単語／commit suicide「自殺する」

862

starve [stáːrv]

starvation 名飢餓・餓死

動飢える

starve to death「餓死する」／名詞 starvation は die of starvation「飢えで命を落とす」が早稲田大で出た。

863

nursing home
[náːrsɪŋ hóum]

nurse 動看護する 名看護師

名老人ホーム

「高齢化社会」の話題で出てくる語句／nursing につられて「病院」と考えるミスが多発する。

864

nationality
[næ̀ʃənǽləti]

national 形国家の・国民の

名国籍

nation は「国」という意味で有名だが、本来は「生まれ」で、それが nationality につながっている。

865

immigration
[ìmɪgréɪʃən]

名（外国からの）移住・入国

空港では、IMMIGRATION「入国管理」と書かれた場所でパスポートをチェックする（旅慣れた人は日本語での会話で「イミグレ」と言う）。

866 ■ ■ ■ ■ ■ ■

council [káunsl]

名(地方自治体の)議会・評議会

「人の集まり」というイメージ／city council「市議会」

867 ■ ■ ■ ■ ■ ■

dilemma [dɪlémə]

名ジレンマ

「ジレンマ」は「板挟み状態(2つの気持ちの間で迷うこと)」

868 ■ ■ ■ ■ ■ ■

urban [ə́:rbən]

形都市の

商業施設・アパートの名前に「アーバン」がよく使われている／be tired of urban life「都会の生活に疲れている」

869 ■ ■ ■ ■ ■ ■

worsen [wə́:rsn]

動悪化させる

worse「もっと悪い」は bad の比較級／「worse の状態にする(en)」

870 ■ ■ ■ ■ ■ ■

civilization [sìvələzéɪʃən]

名文明

本来「高度な市民(civil)にする(ize)もの」→「文明」／Western civilization「西洋文明」

871

disorder [dɪsɔ́:rdər]

名混乱・障害

「正常な状態・秩序 (order) ではない (dis)」
→「混乱・障害」／ADHD は attention-
deficit hyperactivity disorder「注意欠陥多
動障害」

872

prejudice [prédʒədəs]

名先入観

「前もっての (pre) 判断 (judice=judge)」→
「偏見」

873

authorize [ɔ́:θəràɪz]

動権限を与える

「権威・権限 (authority) を与える」／
authorize人to ～「～する権限を人に与え
る」の受動態 be authorized to ～「～する
権限が与えられている」が重要。

874

detailed [dí:teɪld]

形詳細な

detail「詳細」→「詳細に述べる」と考えて、
detailed は「詳細に述べられた」→「詳細な」

detail 名詳細

875

outweigh
[àutwéɪ]

動より価値がある・より重い

The benefits outweigh the risks.「利益が
リスクを上回る」

weigh 動重さがある・比較する

876 ■ ■ ■ ■ ■ ■

independence
[ìndɪpéndəns]

independent 形 独立した

名 独立

independent「独立した」で十分で、わざわざ見出しにするほどでも… と思われるが、やはりアメリカの歴史や教育論では必須なので、しっかりチェックを。

877 ■ ■ ■ ■ ■ ■

skillful [skílfl]

形 腕のいい

「技術・スキル (skill) に溢れた (ful)」→「熟練した・腕のいい」／be skillful at[in] 〜「〜が上手な」

878 ■ ■ ■ ■ ■ ■

telegram [téləgræm]

名 電報

「遠くへ (tele) 書くもの (gram)」→「電報」／今や冠婚葬祭でしか使わないものの、物語や伝記でたまに出てくるので。

879 ■ ■ ■ ■ ■ ■

unfamiliar
[ʌnfəmíljər]

形 なじみのない・よく知らない

「家族 (family) のようには知らない (否定の un)」→「なじみのない・よく知らない」／英会話で意外と重宝する単語。

880 ■ ■ ■ ■ ■ ■

tale [téɪl]

名 話

tell「話す」と語源に関連があり、「話されたもの」ということ／fairy tale「おとぎ話」の形のほうが有名かも。

---

881 □ □ □ □ □ □

specialty [spéʃəlti]

名 専門

specialize in ～「～を専門とする」から名詞になったと連想しよう／海外旅行では「レストランの専門」→「名物料理」の意味でも使われる。

---

882 ■ ■ ■ □ □ □

respectfully
[rɪspéktfəli]

副 恭しく
（うやうや）

「尊敬 (respect) に溢れる (ful) ように」→「丁重に・慎んで・恭しく」

---

883 ■ ■ ■ ■ □ □

certify [sə́ːrtəfàɪ]

certificate **名** 証明書
certified **形** 証明された・資格を
　　　　　　　持った

動 証明する

「確かな (certi=certain) な状態にする」→「確かなものだと証明・保証する」／a certified public accountant「公認会計士」

---

884 ■ ■ ■ ■ □ □

linger [líŋgər]

lingering **形** 長引く

動 ぐずぐず残る・ぶらつく

「ダラダラ・ぐずぐずと残る」イメージ／linger on the way「途中でぶらつく」→「道草する」

---

885 ■ ■ ■ ■ ■ □

underline [ʌ́ndərlàɪn]

動 強調する

文字通り「下線を引く」という意味もあるが、そこから「(下線を引くほど) 強調する」という意味が大事。

886

bug [bʌg]

名虫・欠陥

本来「小さな虫」で「昆虫」を指すことが多いが、「虫が入り込んでおかしくなった欠陥（バグと呼ばれる）」も表せる。

887

rocket [rá:kət]

動急増する 名ロケット

「ロケットが発射されたようにグイグイと急上昇する」という動詞用法が大事／skyrocket「急上昇する」という単語もあわせてチェックを。

888

fluctuate
[flʌ́ktʃuèit]

動変動する

本来「波・流れ（flow）のように動く」で、そのイメージ通り、上下に変化する様子を表わす／fluctuate between 2 and 3 percent「2％と3％の間で行ったり来たりする」

889

obligation
[à:bligéiʃən]

obligate 動義務づける

名義務

obligate の名詞形が obligation／「義務」→「（果たすべき）責務」と訳すことも。

890

drift [dríft]

動漂う

車の「ドリフト走行」は本来「漂流する」→「漂流するようにカーブを横すべりする」からきたもの（『マリオカート』で見たことがあればいいのだが）。

891

evacuation
[ɪvæ̀kjuéɪʃən]

evacuate 動 避難させる

名 避難

「外に出て (e=ex) 空に (vac) する」イメージ／The evacuation went smoothly.「避難はスムーズに進んだ」

892

hazard [hǽzərd]

名 危険

車の「ハザードランプ」は「危険」が生じたとき後続車に知らせる合図／an environmental hazard「環境における危険・災害」

893

frightened [fráɪtnd]

frighten 動 怖がらせる

形 怖がって

本来は、動詞 frighten「恐怖・驚き (fright) を中にこめる (en)」→「怖がらせる」の過去分詞形／be frightened of earthquakes「地震を怖がっている」

894

emerge [ɪmə́ːrdʒ]

emergency 名 緊急事態

動 現れる

何もなかったところ・目立たなかったところからいきなりニュッと現れるイメージ。

895

beat [bíːt]

動 打つ・打ち負かす
名 打つ音

目的語を「打つ」→「打ち負かす」／ "勝者 beat 敗者" の関係／beat-beat-beaten[beat] という変化。

896

counter [káuntər]

動反論する
名カウンター（調理台）

counter the notion「考えに反論する」は学習院大で出た。

897

downtown [dàuntáun]

uptown 副住宅地区に

副町の中心部に・繁華街で
名繁華街 形繁華街の

uptown「山の手に・住宅地区に」は「高級住宅地が坂を上ったところにある」イメージで、その対義語が downtown

898

embarrass [ımbérəs]

embarrassing 形恥ずかしい思いをさせるような

動恥ずかしい思いをさせる

be embarrassed でたとえば人前で「恥ずかしい思いをする」ときに使われる（顔が赤くなるイメージ）。

899

equipment [ıkwípmənt]

equip 動備え付ける

名設備

集合的に「機械類全般」（不可算名詞として使われる）／a hospital with the latest equipment「最新設備の整った病院」

900

facility [fəsíləti]

名容易さ・能力・施設

本来「容易さ」→「容易にする力」→「能力」、「容易にするための場所」→「施設・設備」／とりあえず「施設」の意味をしっかりチェック。

901

figure [fígjər]

名 姿・人物・数字・図
動 理解する（figure out）

核心は「ハッキリした人影」／「ハッキリしたもの」→「数字・図」／figure out「ハッキリわかる」→「理解する」

902

impress [ımprés]

動 印象を与える・感動させる

impression 名 印象
impressive 形 印象的な

「印象を与える」とだけ訳されることが多いが、実際は「感銘を与える・感動させる」もよく使われる。

903

locate [lóukeɪt]

動 置く・（場所を）突き止める

location 名 位置

受動態 be located in ～「～にある」でよく使われる／locate the file「そのファイルの場所を見つける」

904

mean [míːn]

形 並の・意地が悪い・ケチな
動 意味する

形容詞は本来の「真ん中・並の」がどんどん悪い方向へ向かって「嫌な」イメージで「意地が悪い・ケチな・卑劣な」となった。

905

renewable
[rɪn(j)úːəbl]

形 再生可能な

renew 動 再び新しくする
renewal 名 再生・更新

renewable source of energy「再生可能なエネルギー源（自然の力で再生されるために枯渇しない太陽光・風力など）」

906

sore [sɔ́ːr]

形痛い

「ひりひりした痛み」／I have a sore throat.
「喉が痛い」／ちなみに sorry は本来「心が
ひりひり痛む」→「申し訳ない」

907

seclude [sɪklúːd]

動引き離す

「切り離して (se) 閉じる (clude=close)」→「引
き離す・遮断する」／ちなみに「引きこもら
せる」の意味もある。

908

sustainable
[səstéɪnəbl]

sustainability 名持続可能性
sustain 動支える・持続させる

形持続可能な

環境問題のキーワード／「環境に悪影響を
与えずに常に安定供給が得られること」／
慶應大の長文では何度も出た。

909

charge [tʃɑ́ːrdʒ]

動請求する・非難する・委ねる
名請求・手数料・非難・責任・充電

核心は「プレッシャーをかける」／「支払い・
非難・責任を負わせる」ことでプレッシャー
をかけるイメージ。

910

given [gívn]

前・接 ～を考慮すると

「～という事実を与えられると」→「～を考
えると・考慮すると」／直後に名詞がきた
り、SV がきたりする。

911

statistics
[stətístıks]

名統計・統計学

「いろんなデータを集めたもの」から複数形（statistics）になると考えよう。

912

faculty [fǽkəlti]

名能力・学部・教授陣

facility「能力・設備」と同語源／「（容易にする）能力」→「（能力を身につける）学部」、「能力ある人たち」→「教授陣」

913

tutorial [t(j)u(:)tɔ́:riəl]

名個別指導・取扱説明書
形個人指導の

tutor「家庭教師」に関連して、「個別指導」→「（個別指導の役割を持つ）取扱説明書」／online tutorial「オンラインの説明書」

914

cheat [tʃíːt]

動だます・カンニングする

「だます」→「先生をだます」→「カンニングする」（「カンニング」は和製英語で、英語cunningは「ズル賢い」）

915

undergraduate
[ʌ̀ndərgrǽdʒuət]

名学部生（4年制大学の学生）

「大学の卒業生（graduate）のまだ下（under）」→「学部生（一般的な大学生）」／ちなみに「卒業生」はgraduate、「院生」はgraduate student

◁ TRACK92 [911-920]

916

tuition [t(j)u(:)íʃən]

名 授業料

「tutor（家庭教師・個別指導教員）に払うのが tuition」／tuition for Keio University「慶應大学の授業料」

917

dormitory
[dɔ́:rmətɔ̀:ri]

名 寮

日本語で言うところの「ドミトリー」は「相部屋の安い宿泊施設」のこと／アメリカの大学では日本よりも寮に入る学生が多いのでよく使われる／dorm と略すことも。

918

recession [rɪséʃən]

名 後退・不況

「後ろに (re) 進む (cede)」→「後退」→「景気後退・不況」／ニュースでも頻出。

recede **動** 後退する

919

dismay [dɪsméɪ]

動 狼狽させる **名** 落胆・狼狽

to one's dismay「囚が狼狽・落胆したことに」（「あーあ」とか「あ!」という気持ちでよく使われる）

920

engage [ɪngéɪdʒ]

動 従事させる・没頭させる・婚約させる

engagement **名** 約束・婚約
engaging **形** 魅力のある

「巻き込む」イメージ／「仕事に巻き込む」→「従事・没頭させる」、「結婚に巻き込む」→「婚約させる」

251

921

reluctant [rɪlʌ́ktənt]

形 したがらない

本来「じたばたする」イメージ／「リ落胆ト」
くらいに覚えよう／be reluctant to ～「～し
たがらない」

922

amuse [əmjúːz]

amusement 名 娯楽
amusing 形 楽しませるような
amused 形 おもしろいと思う

**動 おもしろがらせる・楽しませ
る**

「思わず笑ってしまう気持ちにさせる」イ
メージ／amuse the audience with a joke
「冗談で観客を楽しませる」

923

irritate [írətèit]

irritating 形 イライラさせる
irritated 形 イライラした

動 イライラさせる

irritate と「イライラ」の音が似ている。

924

annoy [ənɔ́i]

annoying 形 イライラさせる
annoyed 形 イライラした

動 イライラさせる

annoy one's little sister by teasing her「妹
をからかってイライラさせる」／irritate と
書き換える問題が出そう。

925

hesitate [hézətèit]

hesitation 名 躊躇
be hesitant to ～ 熟 ～すること を
ためらう

動 ためらう

hesitate to take the first step「第一歩を踏
み出すのを躊躇する」(ここまできた君たちに
は無縁だが)

926

upset [ʌpsét]

動 ひっくり返す・うろたえさせる・イライラさせる

「冷静な心をひっくり返す」→「動揺させる・イライラさせる」／無変化（upset-upset-upset）

927

uneasy [ʌníːzi]

形 不安な

決して「難しい」ではない！／「心が楽（easy）ではない」→「不安な」／feel uneasy about ～「～を不安に感じる」

928

awkward
[ɔ́ːkwərd]

形 ぎこちない・不器用な・気まずい

「ぎこちない」イメージ／「手先がぎこちない」→「不器用な」、「空気がぎこちない」→「気まずい」

929

digitally-connected
[dídʒətəli kənéktɪd]

形 デジタルでつながっている

「デジタルで（digitally）関連づけられた（connected）」／「ネットでつながっている」で、SNS の話題などに出てくる。

930

cyberbullying
[sáɪbərbùliɪŋ]

名 ネット上でのいじめ

「ネット上・サイバー上の（cyber）いじめ（bullying）」／慶應大の英文でも出た。

bully 動 いじめる 名 いじめっ子

253

931

paternity leave
[pətə́:rnəti líːv]

图 父親の育児休業

maternity leave「出産育児休暇」に対して「父親」を強調した単語／leave「休暇」は「仕事をほったらかして出かける」→「休暇」と覚えてしまおう。

932

well-informed
[wélinfɔ́:rmd]

形 詳しい

「十分に(well)情報を与えられた(informed)」→「情報・知識がある・情報通の・詳しい」

933

promote [prəmóut]

promotion 图 促進

動 促進する・昇格する

「前へ(pro)動かす(mote=motor・move)」→「促進する・昇進させる」／名詞形 promotion は「プロモーションビデオ(販売促進用の動画)」で使われる。

934

allergic [ələ́:rdʒik]

allergy 图 アレルギー

形 アレルギー体質の

be allergic to cedar pollen「スギ花粉にアレルギー体質だ(花粉症だ)」

935

lawn [lɔ́:n]

图 芝生

海外には芝生がある家が多いので、それだけによく使われる／mow the lawn「芝生を刈る」

936

pastime
[pǽstàɪm]

名 気晴らし・趣味

「時(time)を過ごす(pass)ためのこと」→「気晴らし・軽い趣味」(hobby は「(時間・お金がかかる)凝った趣味」)

937

commerce [káːmərs]

名 商業・貿易

commercial「コマーシャル・商業の」から覚えるのがラク／e-commerce「電子取引」

938

single-use
[síŋgl júːs]

形 使い捨ての

プラスチック汚染の話でよく出てくる／single-use plastic straws「プラスチック製の使い捨てのストロー」

939

crawl [krɔ́ːl]

動 這う・ゆっくり進む

水泳の「クロール」は、水面上を「這うように進む」という意味／「(人が)這う・(車などが這うように)ゆっくり進む」

940

prescribe [prɪskráɪb]

prescription 名 処方箋

動 処方する

「医者が事前に(pre)書く(scribe)」→「処方する」

941

encyclopedia
[ɪnsàɪkləpíːdiə]

名百科事典

インターネット百科事典『ウィキペディア（Wikipedia）』はシステムの名前（Wiki）と encyclopedia の造語。

942

pharmacy
[fáːrməsi]

pharmacist 名薬剤師

名薬局

海外では PHARMACY という看板をよく目にする（日本の薬局でも書かれていることが多い）。

943

appliance
[əpláɪəns]

名器具・電化製品

「家の中で適用する（apply）物」→「器具・電化製品」／kitchen appliance「台所で使う電化製品」

944

litter [lítər]

名ごみ 動散らかす

pick up litter「ゴミを拾う」／公園では、No littering.「ポイ捨て禁止」という掲示がある。

945

loan [lóun]

名貸し付け 動貸す

「銀行ローン」は「"銀行が"貸し付ける」イメージであって「人が借りる」ではない／動詞は loan 人物「人に物を貸す」の形で用いる。

946

owe [óu]

動借りる・おかげである

owe 人 お金「人 から お金 を借りる」／owe A to B「A は B に借りがある・A は B のおかげ」(owe 結果 to 原因 の関係)

947

discard [dıská:rd]

動捨てる

「トランプのカード (card) を分離する (dis)」→「捨てる」／新幹線のトイレには Don't discard.「物を捨てるな」とある。

948

germ [dʒə́:rm]

名細菌

殺菌の商品には「ジャームブロック」などと germ という言葉が使われている／spread germs「菌をまき散らす (たとえば咳をすることで)」

949

humidity
[hju:mídəti]

humid 形 湿気の多い

名湿気

complain about the heat and humidity in Japan「日本の気温と湿気の高さに不満を言う」

950

drought [dráut]

名干ばつ

「土地が乾いた状態 (dry) になる」／地球温暖化で干ばつが進むなどの話題でよく出てくる。

---

951 ■ ■ ■ ■ ■ ■

erupt [ɪrʌpt]

eruption 名 爆発・噴火

動 噴火する

「外に (e=ex) 破裂する (rupt)」／rupt は bankrupt「破産した (銀行が破裂)」にも使われている。

---

952 ■ ■ ■ ■ ■ ■

suburban [səbə́:rbən]

suburb 名 郊外

形 郊外の

「都会の (urban) 下に・サブ扱い (sub)」→「urban にはなりきれない」→「郊外の (都市の周りの)」／suburban life「郊外での生活」

---

953 ■ ■ ■ ■ ■ ■

applicant
[ǽplɪkənt]

apply 動 応募する・申し込む

名 応募者

Only successful applicants will be contacted.「審査を通過した方にのみご連絡いたします」

---

954 ■ ■ ■ ■ ■ ■

predecessor
[prédəsèsər]

名 前任者・前のもの

基本「前にいた (pre) 人・もの」で十分だが、京都大では「先祖」で出た／successor「後任者・後のもの」とセットで覚えよう。

---

955 ■ ■ ■ ■ ■ ■

household
[háushòuld]

名 家族

「家 (house) を持つ (hold)」／なんとなく家族全体を指す単語で、辞書には「家族・世帯・家庭」などの訳語がある。

956

celebrity
[səlébrəti]

名 有名人

日本語「セレブ」は「お金持ち」で、一般の人にも使うが、英語での正しい意味は「有名人」

957

accordingly
[əkɔ́:rdɪŋli]

副 それに応じて・それゆえ

She's just a kid, so you should talk to her accordingly.「彼女はまだ子どもなんだから、それ相応に話すべきだ」

958

namely [néɪmli]

副 すなわち

「同じことを別の名前（name）を使って言うと」→「すなわち」（直前の内容を言い換える働き）

959

meanwhile
[mí:nwàɪl]

副 その間に・一方

「中間の（mean）時間（while=time）」→「その間に」／ in the meantime も同じ意味。

960

slot [slá:t]

名 料金を入れる所・枠

自動販売機・ゲーム機のお金を入れる細長い所／本来「細長い隙間」→「位置・枠」などの意味も／ time slot「時間枠・時間帯」

961 ■■■■■■

questionnaire
[kwèstʃənéər]

名 アンケート

「質問 (question) に関するもの」→「アンケート」(ちなみに「アンケート」はフランス語)

962 ■■■■■■

brochure
[brouʃúər]

名 パンフレット

pamphlet という単語もあるが、実際には圧倒的に brochure のほうが使われる。

963 ■■■■■■

expire [ɪkspáɪər]

動 期限が切れる

「外に (ex) 息を吐く (spire)」→「(息を吐き尽くして) 終わる」→「期限が切れる」

964 ■■■■■■

auditorium
[ɔ̀:dɔ́:riəm]

名 講堂

「よく聞こえるオーディオ設備 (audi) がある部屋」→「講堂」と考えよう／-rium「設備のある場所」は planetarium「プラネタリウム」でも使われる。

965 ■■■■■■

shrink [ʃríŋk]

動 縮む・減少する

日本のニュースでも経済学者が「市場がシュリンクしている」と使う／shrinking market share「縮小しつつあるマーケットシェア」

966 ■■■■■■

surge [sə́:rdʒ]

名 急増 動 急に上がる

a surge in COVID-19 cases「新型コロナの感染者の急増」

967 ■■■■■■

round-trip
[ráundtríp]

名 往復旅行

「グルっと回ってくる (round) 旅行 (trip)」／round-trip ticket「往復切符」(ちなみに one-way ticket「片道切符」)

968 ■■■■■■

itinerary
[aɪtínərèri]

名 旅行の日程 形 旅行の

よく「旅程」と訳されるが、「移動手段のスケジュール・旅行中の予定」などのこと。

969 ■■■■■■

pedestrian
[pədéstriən]

名 歩行者

「足 (ped) を使って歩く人 (ian)」(ped「足」はペディキュア (pedicure) やペダル (pedal) にも使われている)

970 ■■■■■■

sociology [sòusiá:lədʒi]

名 社会学

「社会に関する (soci) 学問 (ology)」→「社会学」-logy はギリシア語の l̄ogos「言葉」と同じ語源で、そこから「言葉・学問」を表す。

971

refrain [rɪfréɪn]

動 控える

refrain from -ing「～することを控える」の形で使われる（分離の from「～から離れて」）／refrain from talking on the phone「通話を控える」

972

fanatic [fənǽtɪk]

形 熱狂的な 名 ファン

「芸能人のファン (fan)」は元々 fanatic「熱狂的な」で、それが名詞「熱狂的な人（ファン）」になった／fun「楽しみ」と区別しよう。

973

united [ju(:)náɪtɪd]

形 団結した

unite 動 統合する

動詞 unite の過去分詞「統合された・団結させられた」→「団結した」／「1つにまとまった」イメージ／be united against racism「人種差別に対して団結している」

974

thrilling [θrílɪŋ]

形 わくわくさせるような

thrill 動 わくわくさせる 名 スリル
thrilled 形 わくわくして

動詞 thrill「わくわくさせる」から、thrilling は「わくわくさせるような」／I'm thrilling. だと「俺って刺激的だぜ」という恥ずかしい意味になる（I'm thrilled. と言おう）。

975

nowhere [nóuwèər]

副 どこにも～ない

somewhere「どこかに」、anywhere「どこにでも」の some や any が否定語 no になったもの。

976

steel [stíːl]

名 鋼鉄

「スチール製」という言葉で使われる／steal「盗む」と発音は同じ。

977

craft [krǽft]

名 工芸品 動 念入りに作る

aircraft 名 航空機
craftsman 名 職人

本来「熟練」→「熟練者が作ったもの」→「工芸品」／「ペーパークラフト」は「紙で作った作品」

978

dig [díg]

動 掘る

「土を掘る」→「掘る・掘り出す」／変化はdig-dug-dug／dig a hole「穴を掘る」

979

session [séʃən]

名 集まり

「人と会うこと・集まること」のイメージ／a jam session「即興のグループ演奏」

980

wing [wíŋ]

名 翼・棟

「翼」は有名だが、地図・図表問題対策として「棟」が重要／博物館などの建物で「左右に張り出した部分」を翼に見立てて wingと言う／a new wing「新館」

---

981 ■ ■ ■ ■ ■ ■

barely [béərli]

bare 形 裸の・むき出しの

副 かろうじて

「ギリギリで超える」イメージ／barely escape「かろうじて免れる」

---

982 ■ ■ ■ ■ ■ ■

injection [ɪndʒékʃən]

inject 動 注射する

名 注射

本来「中に投げ込むこと」→「注入」だが、「注射」の意味が大事（単に shot ということもある）／今まではないがしろにされた単語だがコロナ以降、超重要単語になるはず。

---

983 ■ ■ ■ ■ ■ ■

devoted [dɪvóutɪd]

devote 動 捧げる
devotion 名 深い愛情・献身

形 献身的な・熱心な

devote「捧げる」が過去分詞「捧げられた」→「献身的な」／古い言い方なら「尽くすタイプ」という意味。

---

984 ■ ■ ■ ■ ■ ■

burst [bə́:rst]

動 破裂する・急に～する
名 破裂

burst into tears「（破裂するかのように）急に泣き出す」／burst-burst-burst という無変化動詞。

---

985 ■ ■ ■ ■ ■ ■

mostly [móustli]

副 たいていは・大部分は

「（たまには例外もあるけど）たいていの場合は・普段は」や「大半の部分は」というときに使われる。

986

volcano [vɑːlkéɪnou]

名 火山

活火山 (an active volcano) の噴火のニュースで出てくる／日本紹介 (富士山や桜島など) でも使う。

987

alcoholism [ǽlkəhɑːlìzm]

alcohol 名 アルコール・酒
alcoholic 名 アルコール依存者

名 アルコール依存症

「アルコール (alcohol) 主義・状態 (ism)」→「アルコール依存症」

988

outbreak [áutbrèɪk]

break out 動 勃発する・発生する

名 発生・大流行

「大流行」という意味は辞書に載っていないこともあるがとても重要／COVID-19 outbreak「コロナの大流行 (クラスター)」

989

striking [stráɪkɪŋ]

形 目立った

「人の心を打つ (strike) ほど目立った」／the most striking feature of America「アメリカの際立った特徴」は山梨大で出た。

990

ripe [ráɪp]

形 熟した

「reap (刈り取る) できるのが ripe」／Are the mangoes ripe?「そのマンゴーは熟していますか?」

991 ▪▪▪▪▪▪

alien [éiliən]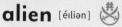

形 なじみがない・外国の
名 外国人・宇宙人

「宇宙人 (エイリアン)」が有名だが、本来「なじみがない」→「外国の」(空港で見かける)

992 ▪▪▪▪▪▪

voluntarily
[và:ləntérəli]

voluntary 形 自発的な
volunteer 名 ボランティア

副 自発的に

volunteer「ボランティア」は「自発的に・自分の意志から、援助する人」

993 ▪▪▪▪▪▪

recollect [rèkəlékt]

recollection 名 記憶

動 思い出す

「バラバラになってしまった思い出を再び (re) 集める (collect)」→「思い出す」

994 ▪▪▪▪▪▪

sow [sóu]

動 (種を)まく

sow the seeds「種をまく」／比喩的に「種をまく」→「〜の原因となる」という意味もあり、長崎大で問われた。

995 ▪▪▪▪▪▪

stereotypical
[stèriətípɪkl]

stereotype 名 固定観念

形 典型的な

「ステレオタイプ (stereotype) といえるような」／the stereotypical Italian「典型的なイタリア人」

996

well-off [wélɔ́:f]

形 裕福な

「普段の生活を順調（well）に過ごしていける（「続く・離れていく」の off)」／be relatively well-off「比較的裕福である」

997

loyalty [lɔ́iəlti]

loyal 形 忠実な

名 忠誠心

「忠誠心」という訳語も大事だが、日常では loyalty[rewards] program「ポイントカード」が使われる（その店への忠誠心が問われる）。

998

fade [féid]

動 消えていく・(色が)あせる

「フェイドアウト（fade-out）」は「ドラマで画面が徐々に白くなって消えていくこと（終わるときなど）」／The sound faded away.「音が小さくなっていった」

999

arise [əráiz]

動 起こる・生じる

「rise は自動詞、raise は他動詞」は有名だが、自動詞 arise もチェックを／a（強調）+rise=arise なので arise=rise と考えて OK／arise-arose-arisen という変化。

1000

breakthrough [bréikθrù:]

名 大発見・飛躍的進歩

「こじ開けて（break）中に入る（through)」→「(今までと違う)大発見・進歩」／この本でぜひ breakthrough を！

次の(1)〜(5)の単語の意味を、①〜⑤から選びなさい。

1
(1) **corrupt** (2) **wing** (3) **peculiar** (4) **vicious**
(5) **hesitate**

① 翼・棟 ② 特有の・風変わりな ③ 悪意のある ④ ためらう ⑤ 堕落した

A (1) ⑤ (2) ① (3) ② (4) ③ (5) ④

2
(1) **charge** (2) **tale** (3) **striking** (4) **rebel**
(5) **given**

① 目立った ② 〜を考慮すると ③ 反逆者／反対する
④ 請求する・非難する・委ねる／請求・手数料・非難・責任・充電 ⑤ 話

A (1) ④ (2) ⑤ (3) ① (4) ③ (5) ②

3
(1) **locate** (2) **beat** (3) **neutral** (4) **owe**
(5) **convert**

① 借りる・おかげである ② 打つ・打ち負かす／打つ音 ③ 変える
④ 置く・(場所を)突き止める ⑤ 中立の

A (1) ④ (2) ② (3) ⑤ (4) ① (5) ③

4
(1) **confess** (2) **loyalty** (3) **frightened** (4) **refrain**
(5) **relocate**

① 忠誠心 ② 白状する ③ 控える ④ 怖がって ⑤ 移住する・移住させる

A (1) ② (2) ① (3) ④ (4) ③ (5) ⑤

5
(1) **downtown** (2) **certify** (3) **superstition**
(4) **amateur** (5) **shrink**

① 迷信 ② 町の中心部に・繁華街で／繁華街／繁華街の ③ 証明する
④ アマチュア／アマチュアの ⑤ 縮む・減少する

A (1) ② (2) ③ (3) ① (4) ④ (5) ⑤

6
(1) **statement**　(2) **riot**　(3) **crawl**　(4) **loan**
(5) **digitally-connected**

① 暴動　② 這う・ゆっくり進む　③ デジタルでつながっている　④ 主張・声明・明細書
⑤ 貸し付け／貸す

A　(1) ④　(2) ①　(3) ②　(4) ⑤　(5) ③

7
(1) **uneasy**　(2) **monopoly**　(3) **respectfully**
(4) **round-trip**　(5) **drought**

① 恭しく　② 往復旅行　③ 干ばつ　④ 独占　⑤ 不安な

A　(1) ⑤　(2) ④　(3) ①　(4) ②　(5) ③

8
(1) **greenhouse effect**　(2) **sibling**　(3) **barely**
(4) **inequality**　(5) **seclude**

① 不平等　② 引き離す　③ きょうだい　④ かろうじて　⑤ 温室効果

A　(1) ⑤　(2) ③　(3) ④　(4) ①　(5) ②

9
(1) **sore**　(2) **revenue**　(3) **recession**　(4) **engage**
(5) **hazard**

① 従事させる・没頭させる・婚約させる　② 後退・不況　③ 収入　④ 痛い　⑤ 危険

A　(1) ④　(2) ③　(3) ②　(4) ①　(5) ⑤

10
(1) **nursing home**　(2) **specialty**　(3) **expire**
(4) **accordingly**　(5) **bug**

① 期限が切れる　② 専門　③ それに応じて・それゆえ　④ 虫・欠陥　⑤ 老人ホーム

A　(1) ⑤　(2) ②　(3) ①　(4) ③　(5) ④

次の(1)〜(5)の単語の意味を、① 〜⑤ から選びなさい。

11
(1) **outbreak**　(2) **tuition**　(3) **obligation**　(4) **nowhere**
(5) **tutorial**

① 発生・大流行　② 義務　③ 個別指導・取扱説明書／個人指導の　④ 授業料
⑤ どこにも〜ない

A　(1) ①　(2) ④　(3) ②　(4) ⑤　(5) ③

12
(1) **dilemma**　(2) **faculty**　(3) **prosperous**　(4) **suicide**
(5) **detailed**

① 繁栄している　② 能力・学部・教授陣　③ ジレンマ　④ 詳細な　⑤ 自殺

A　(1) ③　(2) ②　(3) ①　(4) ⑤　(5) ④

13
(1) **eliminate**　(2) **ozone layer**　(3) **meanwhile**
(4) **irritate**　(5) **utility**

① イライラさせる　② オゾン層　③ 実用性・公共事業　④ その間に・一方　⑤ 取り除く

A　(1) ⑤　(2) ②　(3) ④　(4) ①　(5) ③

14
(1) **insure**　(2) **germ**　(3) **qualify**　(4) **awkward**
(5) **dig**

① ぎこちない・不器用な・気まずい　② 細菌　③ 資格を与える・資格がある
④ 保険をかける　⑤ 掘る

A　(1) ④　(2) ②　(3) ③　(4) ①　(5) ⑤

15
(1) **steel**　(2) **well-informed**　(3) **humidity**　(4) **linger**
(5) **recollect**

① 湿気　② 鋼鉄　③ 詳しい　④ ぐずぐず残る・ぶらつく　⑤ 思い出す

A　(1) ②　(2) ③　(3) ①　(4) ④　(5) ⑤

16
(1) **united**　(2) **celebrity**　(3) **self-confidence**
(4) **independence**　(5) **alcoholism**

① アルコール依存症　② 自信　③ 団結した　④ 独立　⑤ 有名人

A　(1) ③　(2) ⑤　(3) ②　(4) ④　(5) ①

17
(1) **erupt**　(2) **reluctant**　(3) **asset**　(4) **restore**
(5) **equipment**

① 噴火する　② 設備　③ したがらない　④ 財産　⑤ 回復させる

A　(1) ①　(2) ③　(3) ④　(4) ⑤　(5) ②

18
(1) **reign**　(2) **civilization**　(3) **renewable**　(4) **congress**
(5) **mutual**

① お互いの　② 議会・会議　③ 再生可能な　④ 統治／統治する　⑤ 文明

A　(1) ④　(2) ⑤　(3) ③　(4) ②　(5) ①

19
(1) **nationalistic**　(2) **breakthrough**　(3) **skillful**
(4) **auditorium**　(5) **underline**

① 愛国主義の　② 腕のいい　③ 強調する　④ 講堂　⑤ 大発見・飛躍的進歩

A　(1) ①　(2) ⑤　(3) ②　(4) ④　(5) ③

20
(1) **radical**　(2) **injection**　(3) **figure**　(4) **predecessor**
(5) **pastime**

① 注射　② 前任者・前のもの　③ 気晴らし・趣味　④ 姿・人物・数字・図／理解する
⑤ 根本的な・過激な

A　(1) ⑤　(2) ①　(3) ④　(4) ②　(5) ③

次の(1)～(5)の単語の意味を、①～⑤から選びなさい。

21
(1) **outweigh** (2) **diligent** (3) **namely** (4) **discard**
(5) **itinerary**

① 勤勉な　② すなわち　③ より価値がある・より重い　④ 捨てる
⑤ 旅行の日程／旅行の

....

A　(1) ③　(2) ①　(3) ②　(4) ④　(5) ⑤

22
(1) **single-use** (2) **rocket** (3) **accelerate**
(4) **accumulate** (5) **surge**

① ためる　② 急増／急に上がる　③ 使い捨ての　④ 加速する　⑤ 急増する／ロケット

....

A　(1) ③　(2) ⑤　(3) ④　(4) ①　(5) ②

23
(1) **suburban** (2) **craft** (3) **disorder** (4) **drift**
(5) **thrive**

① 混乱・障害　② 工芸品／念入りに作る　③ 漂う　④ 郊外の　⑤ 繁栄する

....

A　(1) ④　(2) ②　(3) ①　(4) ③　(5) ⑤

24
(1) **thrilling** (2) **pharmacy** (3) **resort**
(4) **questionnaire** (5) **devoted**

① わくわくさせるような　② 薬局　③ 献身的な・熱心な
④ 訴える／リゾート地・訴えること（頼ること）　⑤ アンケート

....

A　(1) ①　(2) ②　(3) ④　(4) ⑤　(5) ③

25
(1) **burst** (2) **evacuation** (3) **prescribe**
(4) **immigration** (5) **mean**

① 避難　② 破裂する・急に～する／破裂　③ 並の・意地が悪い・ケチな／意味する
④ 処方する　⑤（外国からの）移住・入国

....

A　(1) ②　(2) ①　(3) ④　(4) ⑤　(5) ③

26
(1) **utmost**　(2) **pedestrian**　(3) **right-wing**
(4) **sow**　(5) **unfamiliar**

① (種を)まく　② 右翼の　③ 最大限の　④ なじみのない・よく知らない　⑤ 歩行者

A　(1) ③　(2) ⑤　(3) ②　(4) ①　(5) ④

27
(1) **fanatic**　(2) **applicant**　(3) **privilege**　(4) **arise**
(5) **worthwhile**

① 熱狂的な／ファン　② 特権　③ 価値がある・立派な　④ 起こる・生じる　⑤ 応募者

A　(1) ①　(2) ⑤　(3) ②　(4) ④　(5) ③

28
(1) **embarrass**　(2) **dormitory**　(3) **cyberbullying**
(4) **civil**　(5) **hygiene**

① 一般人の　② 衛生　③ ネット上でのいじめ　④ 恥ずかしい思いをさせる　⑤ 寮

A　(1) ④　(2) ⑤　(3) ③　(4) ①　(5) ②

29
(1) **ripe**　(2) **impress**　(3) **consensus**　(4) **fluctuate**
(5) **nationality**

① 変動する　② 国籍　③ 印象を与える・感動させる　④ 意見の一致　⑤ 熟した

A　(1) ⑤　(2) ③　(3) ④　(4) ①　(5) ②

30
(1) **supervisor**　(2) **slot**　(3) **parliament**　(4) **statistics**
(5) **transact**

① 監督・上司　② 議会　③ 統計・統計学　④ 取引する　⑤ 料金を入れる所・枠

A　(1) ①　(2) ⑤　(3) ②　(4) ③　(5) ④

次の(1)〜(5)の単語の意味を、① 〜 ⑤ から選びなさい。

31 (1) consistent (2) amuse (3) lawn (4) household (5) authority

① 首尾一貫している　② 芝生　③ 権威　④ 家族　⑤ おもしろがらせる・楽しませる

A (1) ①　(2) ⑤　(3) ②　(4) ④　(5) ③

32 (1) tolerance (2) brochure (3) mostly (4) voluntarily (5) emerge

① 現れる　② 自発的に　③ たいていは・大部分は　④ 忍耐・寛容　⑤ パンフレット

A (1) ④　(2) ⑤　(3) ③　(4) ②　(5) ①

33 (1) volcano (2) session (3) paternity leave (4) facility (5) sociology

① 集まり　② 火山　③ 社会学　④ 父親の育児休業　⑤ 容易さ・能力・施設

A (1) ②　(2) ①　(3) ④　(4) ⑤　(5) ③

34 (1) ethic (2) stagnant (3) commerce (4) multicultural (5) bribe

① 商業・貿易　② 多文化の　③ 停滞した・不景気な　④ 倫理・道徳　⑤ 賄賂

A (1) ④　(2) ③　(3) ①　(4) ②　(5) ⑤

35 (1) undergraduate (2) upset (3) worsen (4) promote (5) well-off

① 裕福な　② ひっくり返す・うろたえさせる・イライラさせる　③ 促進する・昇格する
④ 学部生（4年制大学の学生）　⑤ 悪化させる

A (1) ④　(2) ②　(3) ⑤　(4) ③　(5) ①

36
(1) **starve**　(2) **surplus**　(3) **sustainable**　(4) **council**
(5) **annoy**

① （地方自治体の）議会・評議会　② イライラさせる　③ 飢える　④ 持続可能な
⑤ 余剰・黒字

A　(1) ③　(2) ⑤　(3) ④　(4) ①　(5) ②

37
(1) **terminate**　(2) **stereotypical**　(3) **famine**　(4) **fade**
(5) **encyclopedia**

① 終わらせる　② 消えていく・(色が)あせる　③ 飢饉　④ 典型的な　⑤ 百科事典

A　(1) ①　(2) ④　(3) ③　(4) ②　(5) ⑤

38
(1) **credit**　(2) **stumble**　(3) **prejudice**　(4) **appliance**
(5) **alien**

① つまずく　② 信用　③ 先入観　④ 器具・電化製品
⑤ なじみがない・外国の／外国人・宇宙人

A　(1) ②　(2) ①　(3) ③　(4) ④　(5) ⑤

39
(1) **dismay**　(2) **counter**　(3) **litter**　(4) **urban**
(5) **cheat**

① 狼狽させる／落胆・狼狽　② 反論する／カウンター(調理台)　③ 都市の
④ だます・カンニングする　⑤ ごみ／散らかす

A　(1) ①　(2) ②　(3) ⑤　(4) ③　(5) ④

40
(1) **insurance**　(2) **authorize**　(3) **telegram**　(4) **sin**
(5) **allergic**

① アレルギー体質の　② 権限を与える　③ 罪　④ 電報　⑤ 保険・保険料

A　(1) ⑤　(2) ②　(3) ④　(4) ③　(5) ①

予備校での絶景

予備校では夏期講習で「1000単語習得法」を話したのですが、いつも最後にこう言いました。

> 以上で夏休み中に単語1000をマスターできる。ぜひやってくれよな。で、9月の最初の授業で必ず聞くから。「1000単語やった人、手を挙げて！」って。そのとき、堂々と手を挙げられるか、はたまた気まずそうな苦笑いになるか…頼むぞ！

そして実際に、9月の授業で聞きました。残念ながら全員ではないのですが、手を挙げた生徒の顔はイキイキとしていました。クラスによっては200人教室でも95%以上の生徒が手を挙げます。

絶景です。

普段授業中に手を挙げるなんてことをしない、大人びた高校生たちが、堂々と手を挙げる。しかも教室の全体でそれが起きる。教壇から見る、その光景は圧巻です。きっと生徒たちはもっと素晴らしい気持ちを抱いたはずです。

ぜひみなさんにもあの快感を味わってほしいと思います。そしていつかどこかでお会いすることがあれば、言ってください。「1000単語、私もやりました！」と。

本編の1000の単語よりは
「重要度が下がる・知っている人が多い・基本的すぎる・ちょっと細かい」
などの単語です。余裕があれば目を通してください。

中学 中学単語

☐ roar [rɔ́:r] **動** うなる・ほえる

☐ roast [róust] **動** 焼く

☐ outlet [áutlèt] **名** 直売店・はけ口・(電気の)コンセント(≒socket)

☐ eventually [ɪvéntʃuəli] **副** ついに・結局は

☐ chew [tʃú:] **動** 噛む

☐ raw [rɔ́:] **形** 生の・加工していない

☐ masterpiece [mǽstərpìːs] **名** 傑作

☐ monument [má:njəmənt] **名** 記念碑

☐ welfare [wélfèər] **名** 幸福・福祉

☐ pale [péɪl] **形** 青ざめた

☐ prayer [préər] **名** 祈る人・祈り

☐ power plant [páuər plǽnt] **名** 発電所

☐ follower [fá:louər] **名** (SNSの)フォロワー

☐ disability [dìsəbíləti] **名** 障がい

☐ nursery school [nə́:rsəri skú:l] **名** 保育園

☐ coral reef [kɔ́:rəl rí:f] **名** サンゴ礁

☐ wetland [wétlæ̀nd] **名** 湿地帯

☐ alarm [əláːrm] **名** 警報・不安・目覚ましのアラーム

☐ commute [kəmjúːt] **動** 通勤・通学する

☐ cottage [ká:tɪdʒ] **名** 別荘・小さな家

☐ crop [krá:p] **名** 作物

☐ degree [dɪgríː] **名** 程度・度合・(温度などの)度・学位

☐ disappear [dìsəpíər] **動** 姿を消す

☐ feed [fíːd] **動** 食べ物を与える・物を食べる

☐ harvest [há:rvəst] **名** 収穫(物)

☐ mankind [mǽnkáɪnd] **名** 人類

☐ measure [méʒər] **動** 測る

☐ medium [míːdiəm] **名** 中間・媒体・手段

☐ nest [nést] **名** 巣

☐ square [skwéər] **名** 正方形・広場

☐ table [téɪbl] **名** 表・テーブル

☐ tag [tǽg] **名** 札・値札・おにごっこ

☐ water [wá:tər] **名** 水辺(海・川・湖・水域)・水

☐ wildlife [wáɪldlàɪf] **名** 野生動物

☐ swallow [swá:lou] **動** 飲み込む

☐ surroundings [səráundɪ̀ŋz] **名** 環境

☐ solution [səlú:ʃən] **名** 解決策

☐ electronic device [ɪlèktrá:nɪk dɪváɪs] **名** 電子機器

☐ eco-friendly [ékoufrèndli] **形** 環境に優しい

277

- [ ] scary [skéəri] 形 恐ろしい
- [ ] shelter [ʃéltər] 名 避難(所)・保護
- [ ] spell [spél] 動 つづる
- [ ] pleasant [pléznt] 形 (物事が)楽しい
- [ ] ecosystem [ékousìstəm] 名 生態系
- [ ] facial [féiʃəl] 形 顔の

学問・学校

- [ ] statistical [stətístikl] 形 統計の
- [ ] anthropology [æ̀nθrəpáːlədʒi] 名 人類学
- [ ] scientifically [sàiəntífikəli] 副 科学的に
- [ ] exchange student [ıkstʃéindʒ st(j)úːdnt] 名 交換留学生
- [ ] first period [fə́ːrst píəriəd] 名 1限目
- [ ] graduate school [grǽdʒuàit skúːl] 名 大学院
- [ ] graduate student [grǽdʒuàit st(j)úːdnt] 名 大学院生
- [ ] freshman [fréʃmən] 名 高校や大学の1年生
- [ ] sophomore [sáːfmɔ̀ːr] 名 高校や大学の2年生 ※ちなみに「3年生」はjunior、「4年生」はsenior
- [ ] orientation [ɔ̀ːriəntéiʃən] 名 オリエンテーション・入門指導

感情

- [ ] antipathy [æntípəθi] 名 反感
- [ ] bewilder [biwíldər] 動 当惑させる
- [ ] bravery [bréivəri] 名 勇敢さ

- [ ] cruel [krúːəl] 形 残酷な
- [ ] delight [dıláit] 動 喜ばせる・喜ぶ
- [ ] delightful [dıláitfl] 形 楽しい
- [ ] dissatisfy [di(s)sǽtisfài] 動 不満に思わせる
- [ ] distress [dıstrés] 名 苦悩・苦痛・悲しみ
- [ ] earnest [ə́ːrnist] 形 まじめな・熱心な
- [ ] embarrassment [ımbérəsmənt] 名 当惑・きまり悪さ
- [ ] enchant [ıntʃǽnt] 動 魅惑[魅了]する
- [ ] frustrate [frʌ́streit] 動 不満を抱かせる・挫折させる
- [ ] heartwarming [háːrtwɔ̀ːrmıŋ] 形 心温まる
- [ ] horrible [hɔ́ːrəbl] 形 恐ろしい
- [ ] horrify [hɔ́ːrəfài] 動 こわがらせる・衝撃を与える
- [ ] hostile [háːstl] 形 敵意がある・敵の
- [ ] humble [hʌ́mbl] 形 謙虚な・質素な・身分が低い
- [ ] humiliate [hju:mílièit] 動 恥をかかせる
- [ ] reassure [rìːəʃúər] 動 安心させる
- [ ] satisfaction [sæ̀təsfǽkʃən] 名 満足
- [ ] skeptical [sképtikl] 形 疑って
- [ ] startle [stáːrtl] 動 びっくりさせる
- [ ] straightforward [strèitfɔ́ːrwərd] 形 まっすぐな・率直な
- [ ] stubborn [stʌ́bərn] 形 頑固な
- [ ] sympathy [símpəθi] 名 同情・共感
- [ ] talkative [tɔ́ːkətiv] 形 おしゃべりな
- [ ] temper [témpər] 名 機嫌・かんしゃく

- [ ] tender [téndər]
  形 優しい・柔らかい・微妙な
- [ ] tense [téns] 形 緊張した
- [ ] terrify [térəfài] 動 怖がらせる
- [ ] terror [térər] 名 恐怖
- [ ] thoughtful [θɔ́ːtfl]
  形 思いやりがある・親切な
- [ ] thoughtless [θɔ́ːtləs] 形 不注意な
- [ ] timid [tímɪd] 形 臆病な
- [ ] cunning [kʌ́nɪŋ] 形 ずるがしこい
- [ ] immature [ìmət(j)úər] 形 未熟な
- [ ] sincere [sɪnsíər] 形 誠実な・心からの
- [ ] sentimental [sèntəméntl]
  形 感情に影響されやすい・涙もろい
- [ ] pessimistic [pèsəmístɪk] 形 悲観的な
- [ ] optimistic [àːptəmístɪk] 形 楽観的な
- [ ] stressful [strésfl] 形 ストレスが多い
- [ ] grief [gríːf] 名 深い悲しみ
- [ ] aspire [əspáɪər] 動 熱望する
- [ ] awful [ɔ́ːfl] 形 恐ろしい・ひどい
- [ ] bold [bóʊld] 形 大胆な・勇敢な
- [ ] cautious [kɔ́ːʃəs] 形 用心深い・慎重な
- [ ] compassion [kəmpǽʃən] 名 同情
- [ ] dignity [dígnəti] 名 威厳
- [ ] ridiculous [rɪdíkjələs]
  形 ばかげた・法外な

言語

- [ ] international language
  [ìntərnǽʃənl lǽŋgwɪdʒ] 名 国際語
- [ ] mother tongue [mʌ́ðər tʌ́ŋ] 名 母語

- [ ] native language [néɪtɪv lǽŋgwɪdʒ]
  名 母語
- [ ] official language [əfíʃəl lǽŋgwɪdʒ]
  名 公用語
- [ ] spoken language [spóʊkən lǽŋgwɪdʒ]
  名 話し言葉
- [ ] Esperanto [èspərɑ́ːntou]
  名 エスペラント（人工の国際語）
- [ ] universal language
  [jùːnəvársl lǽŋgwɪdʒ] 名 世界共通語

New! 最新

- [ ] big data [bíg déɪtə] 名 ビッグデータ
- [ ] digital device [dídʒətl dɪváɪs]
  名 デジタル装置
- [ ] social networking service
  [sóʊʃəl nétwəːrkɪŋ sə́ːrvəs] 名 ソーシャル
  ネットワーキングサービス・SNS
- [ ] tweet [twíːt]
  動 ツイートする（ツイッターでつぶやく）
- [ ] touchscreen [tʌ́tʃskrìːn]
  名 タッチパネル画面
- [ ] three-dimensional
  [θrìːdɪménʃənl] 形 3次元の・立体の
- [ ] instant messaging [ínstənt mésɪdʒɪŋ]
  名 インスタント・メッセージ
- [ ] a blog post [ə bláːg póʊst]
  名 ブログの投稿
- [ ] high-tech [háɪték]
  形 ハイテクの・高度先端技術の

- [ ] search engine [sə́:rtʃ éndʒən]
  名 検索エンジン（インターネットで情報検索を行うソフトウェア）
- [ ] google [gúːgl] 動 （グーグルなどで）インターネット検索をする
- [ ] work-life balance [wə́:klàif bǽləns]
  名 ワークライフ・バランス
- [ ] acid rain [ǽsɪd réɪn] 名 酸性雨
- [ ] driverless car [dráɪvərləs káːr]
  名 無人自動車
- [ ] email [íːmeɪl] 動 （電子）メールを送る
- [ ] algorithm [ǽlgərìðm]
  名 アルゴリズム（計算や他の問題解決をする際の一連のプロセスや規則）
- [ ] paid holiday / paid time off / paid leave [péɪd hάːlədèɪ/péɪd táɪm ɔ́:f/péɪd líːv] 名 有給休暇
- [ ] maternity leave [mətə́:rnəti líːv]
  名 出産休暇
- [ ] informed [ɪnfɔ́:rmd]
  形 情報に通じている・知識がある
- [ ] virtual reality [və́:rtʃuəl riǽləti]
  名 仮想現実
- [ ] wireless [wáɪərləs] 形 無線の
- [ ] trade friction [tréɪd fríkʃən]
  名 貿易摩擦
- [ ] aging population [éɪdʒɪŋ pàːpjuléɪʃən]
  名 高齢化する人口・老齢人口

仕事

- [ ] co-worker[coworker] [kóuwə̀:rkər]
  名 同僚

- [ ] workload [wə́:rklòud] 名 仕事量
- [ ] workplace [wə́:rkplèɪs]
  名 職場・仕事場
- [ ] workshop [wə́:rkʃɑːp] 名 講習会
- [ ] overtime [óuvərtàɪm] 名 残業
- [ ] paperwork [péɪpərwà:rk] 名 書類作業
- [ ] fund-raising [fʌ́ndréɪzɪŋ] 名 資金調達
- [ ] opening [óupnɪŋ] 名 空き・就職口
- [ ] unemployment [ʌ̀nɪmplɔ́ɪmənt]
  名 失業
- [ ] firm [fə́:rm] 名 会社
- [ ] multitask [mʌ̀ltitǽsk]
  動 同時に複数のことをする
- [ ] entrepreneur [à:ntrəprəné:r]
  名 起業家
- [ ] CEO [sìːiːóu] 名 最高経営責任者
- [ ] working age [wə́:rkɪŋ éɪdʒ]
  名 労働年齢
- [ ] working conditions
  [wə́:rkɪŋ kəndíʃənz] 名 労働条件
- [ ] working population
  [wə́:rkɪŋ pà:pjəléɪʃən] 名 労働人口
- [ ] enterprise [éntərpràɪz]
  名 企業・事業・進取の気性（冒険心）

身体

- [ ] joint [dʒɔ́ɪnt] 名 関節・接合（部）
- [ ] kneel [níːl] 動 ひざまずく
- [ ] liver [lívər] 名 肝臓
- [ ] nerve [nə́:rv]
  名 神経・神経過敏・（〜する）度胸
- [ ] neural [n(j)úərəl] 形 神経の

- newborn [n(j)úːbɔ́ːrn]
  形 生まれたばかりの
- wrinkle [ríŋkl] 名 しわ
- eyesight [áɪsàɪt] 名 視力
- thumb [θʌ́m] 名 親指
- deaf [déf]
  形 耳が聞こえない・聞こうとしない
- decay [dɪkéɪ] 名 腐敗・虫歯
- dizzy [dízi] 形 めまいがする・当惑した
- digestion [daɪdʒéstʃən] 名 消化(作用)

☕ 生活

- Muslim [mʌ́zləm] 名 イスラム教徒
- Christianity [krìstʃiǽnəti]
  名 キリスト教
- mechanical pencil
  [məkǽnɪkl pénsl] 名 シャーペン
- trash can[trashcan] / garbage
  can [trǽʃ kǽn/gáːrbɪdʒ kǽn] 名 ゴミ箱
- air-conditioner [éərkəndìʃənər]
  名 エアコン(冷暖房装置)
- application form [æ̀plɪkéɪʃən fɔ́ːrm]
  名 申込用紙
- couch [káutʃ] 名 ソファー
- express mail [ɪksprés méɪl] 名 速達
- faucet [fɔ́ːsət] 名 蛇口
- filming [fílmɪŋ] 名 (映画)撮影
- hay fever [héɪ fíːvər] 名 花粉症
- influenza [ìnfluénzə]
  名 インフルエンザ
- lost-and-found office
  [lɔ́ːstəndfáund áːfəs] 名 遺失物取扱所

- orchestra [ɔ́ːrkəstrə] 名 オーケストラ
- paste [péɪst] 名 (文房具の)のり
- air purifier [éər pjúərəfàɪər]
  名 空気清浄機
- food, clothing and shelter
  [fúːd klóuðɪŋ ənd ʃéltər] 名 衣食住
- curfew [káːrfjuː] 名 門限
- detergent [dɪtáːrdʒənt] 名 洗剤
- dose [dóus] 名 (薬の)服用量
- doze [dóuz] 動 うたた寝する
- drawer [drɔ́ːr] 名 引き出し
- dye [dáɪ] 動 染める
- extinguisher [ɪkstíŋgwɪʃər] 名 消火器
- junk [dʒʌ́ŋk] 名 くず・ガラクタ
- lavatory [lǽvətɔ̀ːri]
  名 お手洗い・化粧室
- mover [múːvər] 名 引越し業者
- nightmare [náɪtmèər] 名 悪夢
- perfume [páːrfjuːm] 名 香水
- reap [ríːp] 動 刈る・獲得する
- reception [rɪsépʃən]
  名 宴会・受付・受領
- recipient [rɪsípiənt] 名 受け取る人
- recreation [rèkriéɪʃən]
  名 休養・レクリエーション
- résumé [rézəmèɪ] 名 履歴書
- rub [rʌ́b] 動 こする
- rubbish [rʌ́bɪʃ] 名 ごみ
- rug [rʌ́g] 名 敷物・じゅうたん
- sales tax [séɪlz tǽks] 名 消費税
- scent [sént] 名 香り・香水・気配
- scrub [skrʌ́b] 動 ごしごし磨く

- seashore [síːʃɔːr] 名 海岸・海辺
- seasonal [síːzənl] 形 季節の・季節的な
- sew [sóu] 動 縫う
- shave [ʃéiv] 動 (毛を)そる
- shrug [ʃrʌ́g] 動 肩をすくめる
- sigh [sái] 動 ため息をつく
- skinny [skíni] 形 やせこけた
- spouse [spáus] 名 配偶者
- unpack [ʌnpǽk] 動 取り出す
- unplug [ʌnplʌ́g] 動 プラグを抜く
- vessel [vésl] 名 容器・船・管
- villa [víla] 名 別荘
- vow [váu] 動 誓う
- whisper [wíspər] 動 ささやく
- yawn [jɔ́ːn] 動 あくびする
- bouquet [boukéi] 名 花束
- gaze [géiz] 動 じっと見る(≒stare)
- glance [glǽns] 動 ちらっとみる
- grab [grǽb] 動 つかむ
- log [lɔ́ːg] 名 丸太
- luxury [lʌ́gʒəri] 名 贅沢(品)
- nod [nɑ́ːd] 動 うなずく・うとうとする
- portable [pɔ́ːrtəbl] 形 持ち運びできる
- receipt [risíːt] 名 領収書・受け取ること
- rehearsal [rihə́ːrsl] 名 リハーサル(予行演習)
- scratch [skrǽtʃ] 動 ひっかく
- stir [stə́ːr] 動 かき回す・揺り動かす
- swift [swíft] 形 すばやい
- ultraviolet [ʌ̀ltrəváiələt] 形 紫外線の
- utensil [ju(:)ténsl] 名 用具

- stare [stéər] 動 じっと見る
- rhyme [ráim] 名 詩歌・韻
- portrait [pɔ́ːrtrət] 名 肖像画
- lyrics [lírik] 名 歌詞
- bush [búʃ] 名 低木のしげみ
- sculptor [skʌ́lptər] 名 彫刻家
- sculpture [skʌ́lptʃər] 名 彫刻
- slim [slím] 形 スリムな(スラットした)・わずかな
- lead(発音は「レッド」) [léd] 名 鉛
- lighting [láitiŋ] 名 照明
- live [láiv] 形 生放送の
- lumber [lʌ́mbər] 名 材木・木材
- oasis [ouéisis] 名 憩いの場
- oversleep [òuvərslíːp] 動 寝過ごす
- packaging [pǽkidʒiŋ] 名 包装・パッケージ
- postage [póustidʒ] 名 郵便料金
- around the clock [əráund ðə klɑ́ːk] 形 24時間休みなしの
- athletic [æθlétik] 形 運動競技の
- beloved [bilʌ́vid] 形 最愛の・いとしい
- bet [bét] 動 賭ける
- blade [bléid] 名 刃・(草の)葉
- blend [blénd] 動 混ぜる・調和させる
- bump [bʌ́mp] 動 ぶつかる・ぶつける
- clap [klǽp] 動 手をたたく・拍手する
- cleanse [klénz] 動 きれいにする
- corridor [kɔ́ːrədər] 名 廊下
- crush [krʌ́ʃ] 動 押しつぶす・弾圧する
- farewell [fèərwél] 名 別れ
- glimpse [glímps] 名 ちらりと見えること

- [ ] grip [gríp] 動 しっかり握る
- [ ] leak [líːk] 動 漏らす・漏れる
- [ ] lease [líːs] 動 貸す・借りる
- [ ] portray [pɔːrtréɪ] 動 描く・演じる
- [ ] renew [rɪn(j)úː] 動 更新する
- [ ] shatter [ʃǽtər]
  動 粉々に割る・粉々になる
- [ ] timber [tímbər] 名 木材(≒lumber)

🍲 **料理**

- [ ] gluten [glúːtn] 名 グルテン
- [ ] vegetarian [vèdʒətéəriən]
  名 ベジタリアン・菜食主義者
- [ ] microwave oven [máɪkrouwèɪv ʌ́vn]
  名 電子レンジ
- [ ] pepper [pépər] 名 コショウ
- [ ] frying pan [fráɪŋ pǽn] 名 フライパン
- [ ] marshmallow [máːrʃmèlou]
  名 マシュマロ
- [ ] cupboard [kʌ́bərd] 名 食器棚
- [ ] cuisine [kwizíːn] 名 料理
- [ ] dishwasher [díʃwɔ̀ʃər] 名 食器洗い機
- [ ] stove [stóuv] 名 コンロ
- [ ] sample [sǽmpl] 動 試食する
- [ ] appetite [ǽpətàɪt]
  名 食欲・欲求・アピタイト
- [ ] dairy [déəri] 名 乳製品
- [ ] scramble [skrǽmbl]
  動 ごちゃ混ぜにする

🐓 **生物**

- [ ] genome [dʒíːnoum] 名 ゲノム

- [ ] gene editing [dʒíːn édətɪŋ]
  名 遺伝子編集・遺伝子組み換え
- [ ] genetic engineering
  [dʒənétɪk ènʤəníərɪŋ] 名 遺伝子工学
- [ ] seashell [síːʃèl] 名 貝・貝がら
- [ ] pesticide [péstəsàɪd] 名 殺虫剤
- [ ] primate [práɪmət] 名 霊長類
- [ ] shellfish [ʃélfɪʃ] 名 貝類
- [ ] worm [wə́ːrm] 名 虫
- [ ] living thing [lívɪŋ θíŋ] 名 生物
- [ ] poisonous [pɔ́ɪznəs] 形 有毒な
- [ ] pollinate [pɑ́ːlənèɪt] 動 授粉する
- [ ] ecological [ìkəládʒɪkl] 形 生態の
- [ ] ecology [ɪkɑ́ːlədʒi] 名 生態(系)・自然環
  境・環境保存・生態学
- [ ] bacteria [bæktíəriə] 名 バクテリア
- [ ] dove [dʌ́v] 名 ハト
- [ ] mammoth [mǽməθ] 名 マンモス
- [ ] orangutan [ərǽŋətæ̀n]
  名 オランウータン
- [ ] ostrich [ɑ́ːstrɪtʃ] 名 ダチョウ

🌤 **天気**

- [ ] Celsius [sélsiəs] 名 摂氏
- [ ] Fahrenheit [férənhàɪt] 名 華氏
- [ ] lightning [láɪtnɪŋ] 名 稲妻・電光
- [ ] thermometer [θərmɑ́ːmətər]
  名 温度計・体温計
- [ ] vapor [véɪpər] 名 蒸気・気体
- [ ] breeze [bríːz] 名 そよ風
- [ ] pour [pɔ́ːr] 動 注ぐ・(雨が)激しく降る
- [ ] rainstorm [réɪnstɔ̀ːrm] 名 暴風雨

- ☐ chilly [tʃíli] 形 寒い
- ☐ evaporate [ɪvǽpərèɪt] 動 蒸発する
- ☐ explosion [ɪksplóuʒən] 名 爆発

🇯🇵 **日本紹介**

- ☐ tsunami [tsuná:mi] 名 津波
- ☐ the Self-Defense Forces
  [ðə sèlfdɪféns fɔːrsɪz] 名 自衛隊
- ☐ Article 9 [á:rtɪkl náɪn] 名 憲法第9条
- ☐ the Northern Territories
  [ðə nɔ́:rðərn térətɔ̀:riz] 名 北方領土
- ☐ soy sauce [sɔ́ɪ sɔ́:s] 名 しょうゆ
- ☐ paper crane [péɪpər kréɪn] 名 折り鶴
- ☐ flower arrangement
  [fláuər əréɪndʒmənt] 名 生け花
- ☐ imperial [ɪmpíəriəl] 形 皇帝[天皇]の
- ☐ the Sea of Japan [ðə sí: əv dʒəpǽn]
  名 日本海
- ☐ the tea ceremony [ðə tí: sérəmòuni]
  名 茶道
- ☐ national treasure [nǽʃənl tréʒər]
  名 国宝
- ☐ population pyramid
  [pàpjəléɪʃən pírəmìd] 名 人口ピラミッド
- ☐ vending machine [vendɪŋ məʃí:n]
  名 自動販売機
- ☐ last name [lǽst néɪm] /
  surname [sá:rnèɪm] 名 名字

📍 **場所**

- ☐ Mediterranean Sea
  [mèdɪtəréɪnɪən si:] 名 地中海
- ☐ Pacific Ocean [pəsífɪk óuʃən]
  名 (the ～)太平洋
- ☐ Atlantic [ətlǽntɪk] 形 大西洋の
- ☐ arctic [á:rktɪk] 形 北極の・厳寒の
- ☐ longitude [lá:ndʒət(j)ù:d] 名 経度
- ☐ latitude [lǽtət(j)ù:d] 名 緯度
- ☐ metropolis [mətrá:pəlɪs]
  名 主要都市・(文化・産業の)中心都市
- ☐ province [prá:vɪns]
  名 州・県・地方・分野
- ☐ antarctic [æntá:rktɪk] 形 南極の
- ☐ basement [béɪsmənt] 名 地下

👥 **人**

- ☐ coauthor [kouɔ́:θər] 名 共著者
- ☐ nephew [néfju:] 名 おい
- ☐ niece [ní:s] 名 めい
- ☐ activist [ǽktɪvɪst] 名 (政治的)活動家
- ☐ anthropologist [æ̀nθrəpá:lədʒɪst]
  名 人類学者
- ☐ archaeologist [à:rkiá:lədʒɪst]
  名 考古学者
- ☐ archaeology[archeology]
  [à:rkiá:lədʒi] 名 考古学
- ☐ jury [dʒúəri] 名 陪審(員)
- ☐ merchant [má:rtʃənt] 名 商人
- ☐ prey [préɪ] 名 獲物・犠牲者
- ☐ priest [prí:st] 名 聖職者
- ☐ servant [sá:rvnt] 名 召使・使用人
- ☐ spokesperson [spóukspə̀:rsn]
  名 広報担当者
- ☐ stockholder [stá:khòuldər] 名 株主

successor [səksésər]
名 後継者・相続人

sufferer [sʌ́fərər]
名 苦しむ人・被災者・病人

architect [ɑ́:rkətèkt] 名 建築家・製作者

author [ɔ́:θər] 名 作者・作家

cashier [kæʃíər] 名 レジ係

technician [tekníʃən] 名 技術者

viewer [vjú:ər]
名 見る人・(テレビの)視聴者

tailor [téilər] 名 仕立て屋

sociologist [sòusiá:lədʒɪst]
名 社会学者

secretary [sékrətèri] 名 秘書

public relations [pʌ́blɪk rɪléɪʃənz]
名 広報

philosopher [fəlá:səfər] 名 哲学者

orphan [ɔ́:rfn] 名 孤児

descendant [dɪséndənt] 名 子孫

burglar [bə́:rglər] 名 強盗

explorer [ɪksplɔ́:rər] 名 探検家

developer [dɪvéləpər]
名 宅地造成業者・開発者

liar [láɪər] 名 うそつき

heir [éər] 名 相続人・後継者

pioneer [pàɪəníər] 名 先駆者・草分け

examinee [ɪgzæ̀məní:]
名 被験者・受験者

✦ 表現

AIDS [éɪdz]
名 エイズ(後天性免疫不全症候群)

freedom of speech [frí:dəm əv spí:tʃ]
名 言論の自由

GDP (gross domestic product)
[dʒí:dí:pí:(gróus dəméstɪk prá:dəkt)]
名 国内総生産

GNP (gross national product)
[dʒí:énpí:(gróus nǽʃənl prá:dəkt)]
名 国民総生産

GPS [dʒì:pí:és] 名 全地球測位システム

HIV (human immunodeficiency virus)
[èɪtʃáɪví:(hjú:mən ìmjənoudɪfíʃənsi váɪrəs)]
名 HIV (ヒト免疫不全ウイルス)

well-balanced [wèlbǽlənst]
形 バランスのとれた

well-designed [wèldɪzáɪnd]
形 うまくデザインされた

well-done [wéldʌ́n]
形 (肉が)よく焼けた・十分に煮えた

well-known [wélnóun] 形 有名な

NEET [ní:t] 名 ニート (若年無業者)

food chain [fú:d tʃéɪn] 名 食物連鎖

◆ 文法

afterward [ǽftərwərd] 副 後で

provided [prəváɪdɪd] 接 もし～なら

providing [prəváɪdɪŋ] 接 もし～なら

supposing [səpóuzɪŋ] 接 もし～なら

beneath [bɪní:θ] 前 ～の下に

onto [ά:ntə/ά:ntu] 前 ～の上に

beforehand [bɪfɔ́:rhæ̀nd] 副 あらかじめ

afterwards [ά:ftəwədz] 副 その後

hence [héns] 副 それゆえに

🎧 リスニング

- **timeline** [táɪmlàɪn]
  名 年表・予定表・時刻表
- **bulletin board** [búlətn bɔ́:rd]
  名 掲示板
- **item** [áɪtəm] 名 項目・品目
- **rank** [rǽŋk] 動 位置する
- **leading** [lí:dɪŋ] 形 首位の・主要な

📊 グラフ

- **axis** [ǽksɪs] 名 軸
- **line graph** [láɪn grǽf] 名 折れ線グラフ
- **bar graph** [bá:r grǽf] 名 棒グラフ
- **fraction** [frǽkʃən]
  名 一部・断片・わずか・分数
- **index** [índeks] 名 指標・索引

🧳 旅行

- **automobile** [ɔ́:təmoubì:l] 名 自動車
- **canyon** [kǽnjən] 名 峡谷
- **expressway** [ɪkspréswèɪ] 名 高速道路
- **alternate route** [ɔ́:ltərnət rú:t]
  名 代替経路
- **trek** [trék]
  動 (徒歩)旅行[トレッキング]をする
- **landscape** [lǽndskèɪp] 名 風景
- **sidewalk** [sáɪdwɔ̀:k] 名 歩道
- **railroad** [réɪlròud] 名 鉄道路線・鉄道
- **curve** [kə́:rv]
  名 (道路などの)カーブ・曲線
- **lag** [lǽg] 動 遅れる

- **mountainous** [máuntənəs]
  形 山地の
- **avenue** [ǽvən(j)ù:] 名 大通り
- **boarding** [bɔ́:rdɪŋ]
  名 搭乗・(boarding gateで)搭乗口
- **customs officer** [kʌ́stəmz á:fəsər]
  名 税関の係員
- **euro** [júərou]
  名 ユーロ(EU諸国の共通通貨単位)
- **tourist attraction** [túərɪst ətrǽkʃən]
  名 観光名所
- **tariff** [tǽrɪf] 名 関税・料金表
- **scenery** [sí:nəri] 名 風景
- **waterfall** [wɔ́:tərfɔ̀:l] 名 滝
- **trail** [tréɪl] 名 小道
- **suite** [swí:t] 名 スイートルーム
- **information desk** [ìnfərméɪʃən désk]
  名 案内所
- **shuttle** [ʃʌ́tl] 名 シャトル・定期往復便
- **compartment** [kəmpá:rtmənt]
  名 (列車・客室などの)コンパートメント・(仕切った)区画[部屋]
- **congestion** [kəndʒéstʃən] 名 混雑
- **exotic** [ɪgzá:tɪk] 形 異国風の
- **expedition** [èkspədíʃən] 名 探検・遠征
- **gratuity** [grət(j)ú:əti] 名 心付け・チップ
- **valley** [vǽli] 名 谷

1（standard level）

A
abroad
absolutely
academic
accent
acceptance
access
accomplish
account
accurate
accustom
ache
achievement
acquire
actual
actually
adapt
additionally
address
adequate
adjust
admire
admission
admit
adopt
advance
advise
affect
afford
agency
aggressive
agreement
ahead
aid
aim
aisle
alcohol
alike
amazed
ambition
ambitious

analogy
analyze
ancient
anger
angle
anniversary
anticipate
anxiety
anxious
anytime
apart
apologize
appeal
apply
appoint
appointment
approach
appropriate
approve
approximately
architecture
argue
arithmetic
arrange
arrow
art gallery
artificial
ash
ashamed
aspect
assistance
associate
astronomer
astronomy
atmosphere
attach
attempt
attitude
automation
available
avoid
awake

aware

B
background
baggage
bark
barometer
basis
bathe
bay
bear
beard
beg
behalf
being
belief
bend
beneficial
beverage
bias
bilingual
bill
bind
biography
biology
birth
birthrate
blame
blank
blind
blood
blow
boast
bookshelf
bore
boss
bother
bottled
bow
brand
breath
brief

brilliant
broad
broadcast
brow
Buddhism
bulb
bull
bury
business trip

C
cab
calm
campaign
candidate
capable
capacity
capital
capture
careless
cash
casual
category
cattle
caution
cell
certain
certainty
challenge
championship
chaos
charger
checkup
chemical
chemistry
chief
childcare
childhood
chill
choice
chore
citizen
claim
client

clinic
clone
closely
clue
coal
coast
code
colleague
column
combat
combination
combine
comfort
comfortable
comment
commit
common
communication
community
compete
competition
complete
completely
complex
complicated
conceal
concentrate
concept
concern
conclude
concrete
condition
conduct
conference
confidence
confident
congratulate
connection
conscious
consequence
consequently
conservative
conserve
consider

consideration
constant
construct
consult
consume
consumer
contain
container
context
contrary
contrast
control
converse
convey
convince
cooperate
copy
core
correct
cost
cough
coupon
cover
crash
crazy
creativity
crew
crime
criminal
crisis
criticism
criticize
crowd
cultivate
cultural background
cure
curiosity
curious
currency
current
currently
cycle

D
deadline
debt
debut
decade
declare
dedicate
defend
define
delay
delete
delicate
deliver
demand
democracy
demonstration
deny
depart
department
departure
depend
depth
deserve
desire
despair
despite
destination
destiny
detail
determine
developing
development
device
devote
diagnosis
diagram
diet
differ
digest
dining
direct
directly
dirt
disadvantage

disaster
discrimination
dispose
distant
distinguish
disturb
diversity
divide
division
divorce
document
domestic
donate
donor
double
doubt
download
downstairs
dozen
draft
dramatic
drown
drunk
due
dull
dust
duty
dynamic

E
eager
earn
economy
edge
edicate
edit
edition
educate
effect
efficient
elder
elect
election
element

elementary
emergency
emotion
emotional
emperor
employ
employer
enable
enemy
engineering
entertainment
enthusiastic
entire
equal
equally
era
erase
essential
establish
estate
estimate
eternal
evidence
evil
evolution
evolve
exact
examination
examine
except
exception
exclude
exhaust
exist
expand
explore
export
extend
extension
extreme

F
factor
failure

faith
fake
false
familiar
fantasy
fare
farther
fasten
fate
fatigue
fault
fear
fee
feedback
fellow
fiber
finance
financial
finite
fix
flat
flaw
flexible
flour
flow
fluent
fluently
fluid
flyer · flier
fog
following
forbid
foresee
forgive
form
formal
former
formerly
fortunate
fortunately
fortune
found
foundation
frank

frankly
frequently
frighten
frontier
fuel
full-time
fully
function
fund
further
furthermore
furthest

G
gain
gene
general
generally
generate
generous
genre
gently
global warming
glory
gone
goodness
gradually
grammar
gratitude
gravity
greeting
grocery
growth
guided
guideline
guilty

H
habitat
hardly
harmful
headline
headquarters
heal

heavily
height
hierarchy
highly
hire
holy
hood
hopeful
horizon
hospitality
housing
hug
humanity
humid
humor

I
ideal
ideology
idle
ignore
illusion
illustration
imitate
immediately
impact
impose
incident
income
inconvenience
increasingly
incredible
indeed
independent
indicate
individual
indoor
industry
inevitable
infant
inferior
inform
informal
ingredient

injure
injury
inner
innocent
innovation
innovative
inquire
insist
inspect
instinct
institution
instruct
instrument
intellectual
intelligence
intelligent
internal
interpret
interrupt
intersection
intimate
introduction
invest
investigate
irony
isolation

J
jealous
jewelry
journey
joyful

K
kingdom
knit

L
label
laboratory
laptop
latest
latter
laughter

lay
layer
layout
lazy
leadership
league
lean
leap
lecture
legacy
legend
leisure
length
lessen
lesser
license
lie
likely
linguist
link
liquid
literature
locally
logical
loose
lower
loyal
luckily
luggage

M
mad
mainly
maintain
majority
mansion
manual
manufacture
mass
master
maternity
mature
maximize
maximum

means
mechanic
medication
membership
mental
mention
mere
method
microwave
military
millionaire
minimize
minimum
minor
minority
missing
mist
mitigate
modest
moist
mood
motion
motivate
motive
moving
multiple
murder

N
narrative
narrowly
nation
natural gas
navigate
navy
necessarily
necessity
nervous
nevertheless
none
nonetheless
non-governmental
normally
notify

nourish
nowadays

O
obey
object
observe
obstruct
obtain
obvious
occasion
occasionally
occupation
occupy
occur
odd
offline
omit
oppose
opposite
option
oral
ordinary
organize
organizer
originally
otherwise
outcome
overnight
overseas
owing

P
package
paid
palace
paragraph
parasite
parking
particular
part-time
passion
passive
path

patience
pause
payment
peak
peel
perceive
percentage
period
permanent
permit
personal information
personality
persuade
phase
phenomenon
philosophy
phrase
physician
pill
pillar
pillow
pity
plain
pleased
plenty
plug
poet
policy
polish
politician
politics
poll
pollen
pollute
popularity
position
possess
possibility
possibly
postpone
poverty
praise
precise
predict

prefer
preparation
preschool
preserve
pretend
prevent
previously
prime
prior
priority
prison
privacy
probable
process
production
productive
productivity
profit
progress
prohibit
promotion
pronounce
proper
proportion
propose
protection
protein
protest
proudly
prove
psychologist
psychology
punctual
punish
puppy
purchase
pure
pursue

Q
quantity
quit
quite
quote

R

raise
random
range
rapid
rare
rarely
rather
ray
react
reaction
recall
recognize
recommend
recovery
reduce
reduction
refer
reflect
reform
refresh
refuse
regard
region
regional
register
regret
regular
regularly
reject
relate
relative
reliable
relief
religion
rely
remain
remarkable
remind
remote
rent
repeatedly
reputation
request

require
resemble
reserve
resident
respond
response
responsibility
responsible
restrict
review
revolution
rewrite
rhythm
rid
rival
rob
root
rough
route
routine
royal
rude
rumor
rural
rush

S

sail
salary
satellite
scale
scarcely
scholarship
scope
script
second
secondhand
secretly
secure
security
seldom
selection
selfish
semester

senior
series
seriously
serve
service
shame
shift
shocking
shorten
sight
signal
signature
significant
silence
silk
silly
similarly
simply
single
skeleton
slave
slight
slightly
slip
smooth
soften
soil
soldier
sole
solid
soul
spacecraft
span
spare
spectator
spill
split
sponsor
state
steady
stimulate
stock
strategy
strictly

structure
stuff
substance
substitute
subtitle
suburb
success
sudden
suffer
sufficient
suggestion
suitable
sum
summary
summit
superior
suppose
surely
surface
surgeon
survival
suspect
sweat
syndrome

T

taboo
tail
target
tasty
tax
tend
tension
term
terminal
terrific
territory
terrorism
terrorist
thankful
theory
therapy
thief
thin

thorough
threat
threaten
thrill
throughout
thus
tidy
tight
timely
tip
tire
tiring
toll
tornado
totally
tourism
trace
tragedy
transfer
transform
transmit
transportation
treat
treatment
trend
trial
tribe
tricky
tropical
typical

U

ugly
ultimate
unable
uncomfortable
unfortunately
unit
unite
universe
unknown
unless
unlike
unlikely

upstairs
urge
urgent

V

vaccine
value
vary
vast
vehicle
version
versus
via
victim
virus
vision
visual
vital
vitality
vivid
vote
voyage

W

wage
warmth
warn
warranty
waste
weaken
wealthy
weight
wheel
widely
width
wisdom
wit
wizard
wooden
worth

Y

yearly
yell

2 (advanced level)

A
abandon
abnormal
abolish
absorb
abstract
absurd
abundant
abuse
accelerate
accessible
accommodate
accompany
accordingly
accumulate
accuse
acknowledge
acquisition
addictive
addition
adolescence
advanced
advertise
affair
affluent
affordable
agenda
aging society
agriculture
alcoholism
alert
alien
allergic
aloud
alternate
alternative
altogether
amateur
ambiguous
amuse
annoy
annual
anonymous

antique
apparent
apparently
appliance
applicable
applicant
application
appreciate
appreciation
apt
argument
arise
arms
arrangement
arrest
assemble
assert
assess
asset
assignment
assume
assumption
assure
astonish
atom
attain
attribute
auditorium
authentic
authority
authorize
autobiography
autograph
automatically
awaken
awkward

B
badly
ban
bankrupt
bare
barely
bargain

beat
belongings
betray
biodiversity
bond
boom
boost
bounce
bound
boundary
brand-new
breakdown
breakthrough
breed
bribe
broaden
brochure
browse
budget
bug
bully
burden
burst

C
calculate
capability
cast
cave
cease
celebrity
cellular
censor
censorship
certify
challenging
characteristic
characterize
charge
charismatic
charm
cheat
child raising
circumstance

cite
citizenship
civil
civilization
clarify
classify
cling
clinical
closure
coincide
coincidence
collaborate
collapse
colony
coming
command
commerce
commercial
commitment
companion
comparable
compatible
compel
compensate
competent
competitive
complaint
complement
compliment
complimentary
comply
component
compose
comprehend
concerning
concise
conditional
confess
confession
confirm
conflict
conform
confront
congress

conquer
conquest
conscience
consensus
consent
conservation
considerable
considerate
consist
consistent
conspire
constantly
constitute
constitution
contemplate
contemporary
contract
controversial
controversy
conveniently
conventional
convert
convict
cooperation
cooperative
coordinate
cope
corporation
correspond
corrupt
cosmetic
costly
council
counsel
counter
counterpart
countryside
craft
crawl
credit
criteria
critical
crucial
cyberbullying

D

decent
decisive
decline
dedicated
defeat
defect
deficient
deficit
definite
deforestation
degrade
delegate
deliberate
deliberately
demonstrate
dense
dependable
dependent
depict
deposit
depress
depression
deprive
derive
description
designate
desperate
destruction
detailed
detect
devoted
dialect
dig
digitally-connected
dilemma
diligent
disabled
discard
discipline
disclose
discourage
discriminate
dismay

dismiss
disorder
dispute
distinct
distinctive
distract
distraction
distribute
district
diverse
divine
domain
dominant
dominate
dormitory
downtown
drastic
dread
drift
drought
duplicate
duplication
durable

E

ease
economical
edible
editor
elaborate
electronic
electronically
eliminate
embarrass
embrace
emerge
emission
emit
emphasis
emphasize
empire
encounter
encyclopedia
endeavor

endlessly
endow
endure
enforce
engage
enhance
enjoyable
enlarge
enormous
enrich
enroll
ensure
envy
equip
equipment
equivalent
erupt
essence
esteem
ethical
ethic
evacuation
evaluation
evident
exaggerate
exceed
excel
exceptional
exceptionally
excess
excluding
exclusive
exclusively
excursion
execute
exert
exhibit
exhibition
expectancy
expecting
expense
experienced
expire
expose

exposure
exterior
extinct
extinction
extinguish
extract
extraordinary

F

face-to-face
facilitate
facility
faculty
fade
fairly
fame
familiarize
famine
fanatic
fancy
fascinate
fatal
favorable
feminine
fertile
fertility
feudal
figure
findings
fitness
flame
flourish
fluctuate
foretell
formation
formula
formulate
forum
foster
friction
frightened
fulfill
fundamental
funeral

fur
furnish

G
genetic
genuine
germ
gigantic
given
govern
grand
grant
grasp
grateful
grave
greenhouse effect
guarantee

H
handful
handle
harassment
hardship
haste
hazard
heighten
hesitate
highlight
honor
hostage
household
humidity
hybrid
hygiene
hypothesis

I
identical
identification
identify
identity
ignorance
ignorant
illegal

illuminate
illustrate
imitation
immediate
immense
immigrant
immigration
immune
implant
implement
implication
imply
impress
impressive
impulse
incentive
incline
inclusive
incorporate
independence
indifferent
indigenous
indispensable
industrial
industrious
inequality
inevitably
infamous
infection
infer
infinite
ingenious
inherent
inherit
initially
initiative
inject
injection
innate
insert
insight
instability
install
institute

institution
insult
insurance
insure
intake
integral
integrate
intend
intensive
intention
interact
interaction
interfere
interior
intermediate
intrigue
intuition
invaluable
invisible
ironically
irritate
isolate
itinerary

J
justify

K
keen

L
launch
lawn
learned
legalize
legislation
liberal
lift
likelihood
likewise
limitation
linger
linguistic
literacy

literal
literally
literary
literate
litter
lively
livestock
living standard
loan
locate
longevity
loyalty

M

magnificent
makeup
mammal
manifest
manipulate
manuscript
marine
marvel
masculine
massive
mean
meanwhile
mechanism
medieval
memorable
memorize
mend
merchandise
merely
merger
mess
metabolic
metaphor
migrant
migrate
mine
minister
misbehavior
miserable
misguided

misidentify
mixture
mode
modify
molecule
monarchy
monetary
monitor
monopoly
monotone
monotonous
moral
mortality
mostly
multicultural
multilingual
multinational
mutation
mutual
myth

N

naive
namely
nationalistic
nationality
nationwide
neat
neglect
negotiate
negotiation
neutral
noble
nominate
nonprofit
nonsense
nonverbal
norm
nowhere
numerous
nursing home
nurture
nutritious

O

obesity
objection
objective
obligation
oblige
obscure
observation
obstacle
offend
old-fashioned
opponent
oppress
orbit
organic
organization
outbreak
outline
outlook
outnumber
outstanding
outweigh
overall
overcome
overlook
overview
overweight
overwhelm
owe
ownership
ozone layer

P

pandemic
parallel
parliament
partial
partially
participation
particle
partly
passage
passionate
pastime

patent
paternity leave
peculiar
pedestrian
penetrate
pension
permanently
permission
persist
personnel
perspective
pharmacy
plot
poetry
political
pose
posture
potential
practical
precede
precisely
predecessor
prediction
pregnant
prehistoric
prejudice
prescribe
presence
preservation
prestige
prestigious
preventive
priceless
primarily
primary
primitive
principal
principle
privilege
probability
probe
procedure
proceed
profession

proficiency
profitable
profound
prolong
prominent
promising
promote
prompt
prone
properly
property
prospect
prospective
prosper
prosperous
protective
proverb
publication
puzzle

Q
qualify
quarrel
quest
questionnaire

R
racism
radical
rainforest
rate
rating
ratio
rational
reasonable
rebel
recession
recognition
recollect
reconsider
reconstruct
recruit
recyclable
reference

refined
refrain
refugee
refund
regain
regarding
regardless
regulation
reign
relation
relevant
relieve
religious
relocate
reluctant
remainder
remains
remark
remarkably
remedy
remodel
renewable
renovation
renowned
representative
repress
reproduce
republic
reschedule
reside
resign
resist
resolve
resort
respectable
respectful
respectfully
respectively
restore
restrain
retrieve
reunion
reveal
revenue

reverse
revise
revival
revive
revolve
reward
right-wing
riot
ripe
rocket
rotate
roughly
round-trip
ruin

S
sacrifice
sake
satisfactory
saving
scarce
scheme
scroll
seal
searchable
seclude
section
seek
seize
self-confidence
self-esteem
sensible
sensitive
sentence
separation
sequence
session
setting
settle
settlement
shameful
sharpen
shipment
shortly

short-term
shrink
sibling
side effect
significance
signify
simulate
simultaneous
sin
single-use
situate
skilled
skillful
slang
slavery
slot
soak
sociology
sophisticated
sore
sort
sow
specialize
specialty
specific
speculate
sphere
spin
spoil
squeeze
stable
stain
stalk
stangnant
staple
starve
statement
state-of-the-art
statistics
steel
steep
steer
stem
stereotype

stereotypical
stiff
stimulating
storage
strengthen
strike
striking
strip
strive
struggle
stumble
stunning
subjective
submit
subscribe
subscription
subsequent
substantial
subtle
suburban
suicide
summarize
superb
superficail
superstition
supervisor
supplement
supplies
suppress
surge
surpass
surplus
surrender
suspicious
sustain
sustainable
sway
swear
sweep
swell
symbolize
symptom
synthesize
synthetic

T

tackle
tale
talented
telegram
temporarily
temporary
tempt
tendency
terminate
testify
testimony
thesis
threatened
thrilling
thrive
tide
tighten
tissue
token
tolerable
tolerance
toxic
transact
transition
transparent
transplant
traumatic
treaty
tremble
tremendous
triumph
trivial
troublesome
trustworthy
tuition
tune
tutorial
typically

U

ultimately
ultraviolet rays
unconditional
uncover
undergo
undergraduate
underline
uneasy
unexpected
unfamiliar
unforgettable
uniquely
united
unprecedented
unstable
unveil
unwilling
upcoming
update
upload
upset
urban
usage
utility
utilize
utmost

V

vacant
vacate
vaccinate
vacuum
vague
vain
valid
vanish
veil
verbal
verify
vertical
vice
vicious
viewpoint
violate
violation
virtual
virtually

virtue
visible
visualize
volcano
voluntarily
vulnerable

W

wander
wasteful
weigh
well-being
well-informed
well-off
westernize
whiten
wicked
widen
widespread
widow
wing
withdraw
withhold
withstand
witness
workforce
worsen
worship
worthwhile
wound

Y

yield

3 (mastery level)

A
abbreviate
abdicate
abduct
abide
abortion
abrupt
acclaimed
accommodation
accomplished
accord
accordance
accounting
acquaint
acquaintance
acquired
activate
acute
addiction
adherence
adhesive
adjourn
administer
advent
adverse
aesthetic
affection
affirmation
affirmative
afflict
agonize
alienation
alignment
allegation
allege
allegedly
alleviate
alliance
allocate
allowance
ally
amend
ample

amplify
analytical
anarchy
anthem
antiquity
apparatus
appraisal
apprehend
aptitude
arbitrary
arguably
arouse
array
articulate
artifact
ascribe
assault
assembly
assertion
assign
assimilate
assort
assorted
asylum
asymmetrical
atrocity
audible
authorization
autism
autonomy
avail
avert
avoidance
await
awe

B
backbone
backdrop
backfire
backlash
baffle
bait
ballot

bar
barbarian
barren
beam
bearable
beckon
beware
bid
binding
biographical
bizarre
blank slate
blanket
blast
bleak
bless
blunder
bolster
bombing
branch
breach
breakout
breakup
breathtakingly
brisk
budding
bulk
bulky
bullet
bullish
burdensome
bureau
burnout
by-product

C
cabinet
calamity
captivity
care facility
carve
casualty
catastrophe
ceasefire

census
centralize
certificate
certified
cherish
chronological
circulate
circulation
civic
civilian
classified
clause
clear-cut
clumsy
cluster
coalition
coarse
coerce
cognitive
coherent
cohesion
collective
collision
commemorate
commence
commend
commendable
commodity
commonplace
compelling
compensation
competence
compile
compliance
complicate
compound
comprehensive
compression
comprise
compromise
compulsive
compulsory
concede
conceivable

conceive
conception
concession
conclusive
condemn
condense
condolence
confederation
confidential
confine
confiscate
confrontation
connotation
conscientious
consecutive
consistency
consolidate
conspicuous
conspiracy
constraint
contaminate
contamination
contend
continued
contradict
convene
conversion
conviction
coronation
correlation
correspondence
corrosion
corruption
cosmopolitan
counterfeit
counterproductive
countless
courtesy
coverage
credibility
crucify
crude
crystal clear
cue

culmination
curse
custody
customary
cutting-edge

D

dangle
dare
dawn
dazzle
deadlock
decadence
deceased
decompose
deduct
deed
deem
defer
deflect
defy
delinquency
demographic
demolish
demote
denial
denounce
depletion
deploy
deport
deportation
descent
detain
detention
deter
deteriorate
devastate
devastation
deviation
devise
devotion
dexterity
diameter
dictate

dim
dimension
diplomacy
disadvantaged
disarm
discern
discharge
disclosure
discomfort
disconnect
discord
discourse
discredit
discretion
discriminating
disgrace
disguise
dismal
dismantle
dismissal
disorganized
disorient
disparity
dispatch
dispense
disperse
displace
disproportionately
disprove
disqualified
disregard
disrupt
dissect
disseminate
dissident
dissolve
dissonance
distinguished
distort
diverge
divert
doctrine
dodge
doom

dormant
downfall
downplay
downturn
drag
drain
drawback
dumb
dynamics

E
eclipse
editorial
effectively
eligible
eloquent
elude
emancipate
embark
embassy
embody
embryo
emigrate
eminent
empower
enact
enclose
encompass
endemic
endanger
endorse
enigma
enlighten
enslave
entail
entangle
entitle
entity
enviable
envision
epidemic
epoch
equalize
equation

equilibrium
equivocal
eradicate
erect
erode
escalate
escort
eternity
ethnicity
evacuate
evade
evasive
eventful
evict
evoke
exacerbate
excessive
exemplify
exemption
exile
existence
exodus
expat (expatriate)
expel
expenditure
expertise
explicit
explode
exploit
exponentially
exquisite
extensive
exterminate
external
extravagant

F
fabric
fabricate
fabulous
factually
faint
faithful
fallacy

falsify
fashionable
fasting
fatality
faulty
feasible
feat
federal
felony
fertilizer
fictitious
fierce
figuratively
firsthand
fiscal
flee
flush
foe
folk
foreseeable
foresight
forfeit
forgo
formalize
formidable
forthright
foul
fragile
fragment
frame
frantic
fraud
fraught
frenzy
fright
frugal
fruitful

G
genocide
gimmick
glaring
glitch
gloss

glossary
glow
grace
graze
gross
groundbreaking
grumble

H
habitable
hail
halt
hamper
harass
harmonious
harness
harrowing
harsh
hasten
hasty
hectic
herald
hinder
hoarse
homogeneous
hopefully
humane
hunch
hydrogen
hypocrisy

I
icon
iconic
illicit
illogical
immerse
immersion
immigrate
imminent
impair
impaired
impassive
impeachment

impede
impending
imperative
impersonate
implicate
implicit
implore
imposition
improbable
improper
improvise
inaugural
inception
incessant
incest
incidentally
incisive
inclusion
incompatible
inconsistent
incriminate
incur
indebted
indefinite
induce
indulge
inflation
inflict
influential
influx
informative
infrastructure
infringe
infusion
ingenuity
inhabit
inheritance
inhibit
initiate
inmate
innumerable
inscription
insistent
instill

instrumental
intact
integrity
intelligible
intense
intensify
intercept
interference
intermittent
intervene
intimidate
intolerable
intricate
intriguing
intrude
intuitively
invade
invariably
invasion
invoke
irrational
irrelevant
irreplaceable
irresponsible
irreversible
irrigation

J
jail
jeopardy
judicial
justification
juvenile

K
kidnap
knowledgeable

L
laborious
landfill
languish
lapse
laud

launder
lawmaker
lawsuit
leftover
legible
legitimacy
legitimate
lenient
lethal
leverage
liable
liberate
lingering
livelihood
lofty
lunar

M
magnify
mainstream
majestic
makeover
malfunction
malice
malnourished
malnutrition
mandatory
maneuver
margin
marital
marked
martial
materialism
mediate
mediocre
meditate
melancholy
mellow
memoir
menace
mercy
messy
migratory
milestone

mill
millennium
mimic
mingle
misconceive
misconduct
misleading
mob
mobilize
moderate
mold
monarch
monetize
monopolize
morale
mortal
mount
mourning
muddle
multitude
municipal
myriad

N
negate
negligence
negligible
negotiable
net
nomadic
nomination
notable
noted
noteworthy
noticeable
notion
notorious
notwithstanding
nudge
nuisance
nutrient

O
obedient

obnoxious
obsess
obsessively
obsolete
occupancy
offset
ominous
ongoing
openness
orchestrate
oust
outburst
outcompete
outcry
outdated
output
outsider
outskirts
outsmart
overdo
overdue
overflow
overhaul
overly
oversight
overthrow
overwhelming

P

pacify
panel
paradoxically
paralyze
paramount
pasture
peasant
perception
peril
periodically
peripheral
perk
perpetual
perplexing
persecute

persecution
perseverance
persistent
persona
petition
philanthropy
pierce
pitfall
pivotal
plaintiff
plateau
platform
plausible
plead
pledge
plight
plunge
pneumonia
poach
politically
pollutant
ponder
populism
populous
portion
posterity
preach
precarious
precaution
preclude
preference
preliminary
premature
premeditated
premise
preoccupation
prerequisite
preside
pressing
presumably
presume
prevail
prevalent
proceeds

proclaim
prodigy
proficient
profile
prohibitively
proliferation
propel
propensity
pros and cons
prose
prosecute
prostitute
protagonist
protocol
provable
proven
provisionally
provoke
proximity
publicity
publicize
punctuation
purify

Q

quaint
quantitative
quarantine
questionable

R

radioactive
radius
rampant
ransom
rapport
ratify
ration
rationale
readily
realm
rear
rebound
receptive

reckless
reckon
reconcile
reconstruction
redeem
redundant
referendum
refine
regenerative
rein
reinforce
reinstate
reiterate
rejoice
rejuvenate
relinquish
remittance
remuneration
render
repatriation
repay
repercussion
replicate
reportedly
reptile
reputable
resilience
resistance
resolution
restoration
resume
resurgence
retain
retaliation
retention
retreat
retrospect
revenge
revoke
rhetoric
rigid
rigorous
ritual
rivalry

rotten
ruling
ruthless

S
salute
salvation
sanction
sanctuary
sarcastic
satire
savage
saying
scam
scan
scrutinize
scrutiny
seasoned
seclusion
secondary
seemingly
segregate
selective
self
self-perception
senator
sensation
serene
setback
shabby
shallow
shed
sheer
shield
shiver
shortcoming
showcase
showdown
singular
skim
slack
slaughter
sluggish
slump

smuggle
snob
socialize
solemn
solicit
solitude
soothing
souvenir
sovereign
spark
sparkle
sparse
spatial
specify
specimen
spectacle
spectacular
spiral
splendid
spontaneous
staggering
stake
standby
starvation
static
stationary
sterilize
stern
stifle
stigma
sting
stool
stout
straighten
strain
stray
streamline
strenuous
sturdy
subliminal
submission
subordinate
subsidize
subsidy

substandard
subtract
subversion
sue
suffocate
summon
superfluous
superpower
supreme
surmount
surreal
surveillance
susceptible
suspension
suspicion
suspiciously
swap
symposium
synchronize

T

tactics
taint
takeaway
tame
tangible
tangle
technically
tentative
tenure
testament
testimonial
theorize
thirst
thread
thrust
tolerate
torture
tout
tradeoff[trade-off]
trait
tranquil
transient
transit

transitory
tremor
trespass
tribute
trifle
trigger
troop
truce
tumble
turbulence
turnaround
twist
tyranny

U

ubiquitous
unanimous
unauthorized
unconditionally
undeniable
underdog
underfed
underlie
underlying
undermine
undertake
undo
unearth
unfold
unification
unify
unintelligible
unrivaled
unsociable
unwittingly
upbringing
upheaval
uphold
uproot
upstart

V

valuation
vandalism

vanity
variable
velocity
venture
verdict
verge
verification
versatile
verse
veto
viable
vibrant
vice versa
vicinity
vigor
vigorous
vulgar

W

waive
wane
warfare
warrant
weave
weird
whatsoever
whereabouts
whistle-blowing
wholesome
wilderness
workout
would-be
wreck

Y

yardstick

memo

memo

memo

memo

memo

【著者紹介】

関 正生（せき・まさお）

◉──1975年東京生まれ。埼玉県立浦和高校、慶應義塾大学文学部（英米文学専攻）卒業。TOEIC® L&Rテスト990点満点。

◉──リクルート運営のオンライン予備校「スタディサプリ」講師。スタディサプリでの有料受講者数は年間140万人以上。受験英語から資格試験、ビジネス英語、日常会話までを指導し、英語を学習する全世代に強力な影響を与えている。

◉──著書累計300万部突破。著書に『真・英文法大全』『英文法ポラリス』シリーズ（KADOKAWA）、『極めろ！リーディング解答力TOEIC® L&R TEST PART 7』（スリーエーネットワーク）、『サバイバル英文法』（NHK出版新書）、『中学校3年間の英単語が1ヵ月で1000語覚えられる本』『改訂版 大学入学共通テスト英語が1冊でしっかりわかる本』（かんき出版）など120冊超。英語雑誌『CNN ENGLISH EXPRESS』（朝日出版社）でコラムを連載中。

かんき出版 学習参考書のロゴマークができました！

明日を変える。未来が変わる。

マイナス60度にもなる環境を生き抜くために、たくさんの力を蓄えているペンギン。
マナPenくんは、知識と知恵を蓄え、自らのペンの力で未来を切り拓く皆さんを応援します。

マナPenくん

だいがくにゅうし えいたんご　　　　　スパルタ　　　　アドバンスト レベル　　ご
大学入試英単語　SPARTA 2　advanced level 1000語

2023年3月23日　第1刷発行
2024年3月27日　第2刷発行

著　者──関　正生
発行者──齊藤　龍男
発行所──株式会社かんき出版
　　　　　東京都千代田区麹町4-1-4 西脇ビル　〒102-0083
　　　　　電話　営業部：03(3262)8011代　編集部：03(3262)8012代
　　　　　FAX　03(3234)4421　　　　　　　振替　00100-2-62304
　　　　　https://kanki-pub.co.jp/

印刷所──シナノ書籍印刷株式会社